物业管理条例

大字学习版

中国法制出版社

CHINA LEGAL PUBLISHING HOUSE

ISBN 978-7-5216-2635-3

定价：20.00元

图书在版编目（CIP）数据

物业管理条例：大字学习版／中国法制出版社编
. —北京：中国法制出版社，2022.4
（法律法规大字学习版）
ISBN 978-7-5216-2635-3

Ⅰ.①物… Ⅱ.①中… Ⅲ.①物业管理-条例-中国
Ⅳ.①D922.181

中国版本图书馆 CIP 数据核字（2022）第 061766 号

责任编辑：成知博　　　　　　　　　　　　封面设计：李　宁

物业管理条例：大字学习版
WUYE GUANLI TIAOLI：DAZI XUEXIBAN

编者／中国法制出版社
经销／新华书店
印刷／三河市国英印务有限公司
开本／880 毫米×1230 毫米　32 开　　　　印张／4　字数／68 千
版次／2022 年 4 月第 1 版　　　　　　　　2022 年 4 月第 1 次印刷

中国法制出版社出版
书号 ISBN 978-7-5216-2635-3　　　　　　　定价：20.00 元

北京市西城区西便门西里甲 16 号西便门办公区
邮政编码：100053　　　　　　　　　　　传真：010-63141600
网址：**http：//www.zgfzs.com**　　　　编辑部电话：**010-63141813**
市场营销部电话：010-63141612　　　印务部电话：**010-63141606**

（如有印装质量问题，请与本社印务部联系。）

编辑说明

　　全民普法是全面依法治国的长期基础性工作。为方便广大读者学习法律法规，中国法制出版社全新编写了"法律法规大字学习版"丛书。在确保法律文本准确的基础上，对法条内容进行了必要的编辑加工，体例新颖，内容翔实，以帮助广大读者学习法律法规，真正让法律走到读者身边、走进读者心里。

　　本丛书的特点如下：

　　1. 大字醒目。正文法条内容通过双色印刷、大字号、宽行距等精心设计，版式疏朗，阅读顺畅，致力于为读者带来更佳的阅读体验。

　　2. 双色标注。对法条以双色、星级及波浪线等形式标注，既能有效消除读者对复杂、烦琐法条的畏难心理，又能帮助读者迅速把握法律法规的脉络。

　　3. 关联注释。在法条下方标注【相关法条】，方便读者查找翻阅关联内容，举一反三，融会贯通；同时对不易理解的法条，通过【注释】【生活小案例】【典型案例】【小测试】等版块设计，从立法背景、内容要义、实践应用等多维度帮助读者理解，力求帮助读者学懂弄通会用。

4. 实用图表。立足读者实际需求，以图表形式对所收录的法律法规重点内容进行总结提炼，贴近生活，通俗易懂，帮助读者更加直观地理解核心条款。

5. 电子增补。为了帮助读者随时掌握法律法规的最新动态，本丛书将适时进行电子增补，请读者登录中国法制出版社网站http：//www.zgfzs.com "出版服务"中的"资源下载"频道或者关注我社官方微信公众号"中国法制出版社"免费下载。

中国法制出版社

凡 例

简　称	全　称
价格法	中华人民共和国价格法
民法典	中华人民共和国民法典
刑法	中华人民共和国刑法
招标投标法	中华人民共和国招标投标法
治安管理处罚法	中华人民共和国治安管理处罚法

目　　录

目录

3

物业管理条例

（2003 年 6 月 8 日中华人民共和国国务院令第 379 号公布　根据 2007 年 8 月 26 日《国务院关于修改〈物业管理条例〉的决定》第一次修订　根据 2016 年 2 月 6 日《国务院关于修改部分行政法规的决定》第二次修订　根据 2018 年 3 月 19 日《国务院关于修改和废止部分行政法规的决定》第三次修订）

第一章　总　　则

第一条　**【立法宗旨】**① 为了规范物业管理活动，维护业主和物业服务企业的合法权益，改善人民群众的生活和工作环境，制定本条例。

---

① 本书条文主旨为编者所加，为方便读者检索使用，仅供参考，下同。

　　本条例所称"物业服务企业"，是指依法设立、具有独立法人资格，从事物业管理服务活动的企业。物业服务企业的资质等级分为一、二、三级。

　　物业管理的主体是业主，根据本条例第 6 条第 1 款的规定，房屋的所有权人为业主。《民法典》在此基础上进一步明确：依法登记取得或者依据《民法典》规定取得建筑物专有部分所有权的人，应当认定为业主；基于与建设单位之间的商品房买卖民事法律行为，已经合法占有建筑物专有部分，但尚未依法办理所有权登记的人，可以认定为业主。需要注意的是，将业主定义为"房屋所有权人"，并没有排除业主对于房屋相配套的设备、设施和相关场地拥有的相关权利。

　　★　**第二条　【物业管理定义】**本条例所称物业管理，是指业主通过选聘物业服务企业，由业主和物业服务企业按照物业服务合同约定，对房屋及配套的设施设备和相关场地进行<u>维修</u>、<u>养护</u>、<u>管理</u>，维护物业管理区域内的<u>环境卫生</u>和相关秩序的活动。

本条例调整的"物业管理"，仅指业主通过选聘物业服务企业对物业进行管理这种方式。

物业管理的基本内容，按服务的性质和提供的方式可分为常规性的公共服务、针对性的专项服务和委托性的特约服务三大类。一是常规性的公共服务，主要有以下几项：(1) 房屋建筑主体的管理及住宅装修的日常监督；(2) 房屋设备、设施的管理；(3) 环境卫生的管理；(4) 绿化管理；(5) 配合公安和消防部门做好住宅区内公共秩序维护和安全防范工作；(6) 车辆道路管理；(7) 公众代办性质的服务。二是针对性的专项服务：(1) 日常生活类；(2) 商业服务类；(3) 文化、教育、卫生、体育类；(4) 金融服务类；(5) 经纪代理中介服务；(6) 社会福利类。三是委托性的特约服务。物业服务企业在实施物业管理时，第一大类是最基本的工作，是必须做好的。同时，根据自身的能力和业主的要求，确定第二、第三大类中的具体服务项目与内容，采取灵活多样的经营机制和服务方式。

★ **第三条** 【**选择物业服务企业的方式**】国家提倡业主通过公开、公平、公正的市场竞争机制选择物业服务企业。

　　本条例所称"公开"主要包括以下含义：（1）物业管理招标活动的信息应当公开。招标人采用公开招标方式，应当通过国家指定的报刊、信息网络或者其他媒介发布；需要进行资格预审的，应当发布相关资格预审公告；采用邀请招标方式的，招标方式应当向3个以上特定的物业服务企业发出投标邀请书。（2）开标的程序要公开。开标应当公开进行，所有的潜在投标人均可参加开标。开标的时间、地点应当与事先提供的招标文件上载明的时间、地点一致；开标时，应先由投标人或者其推选的代表检查投标文件的密封情况，经确认无误后，由工作人员当众拆封，宣读投标书的主要内容。（3）评标的标准和程序要公开。评标的标准和办法应当在提供给所有投标人的招标文件中载明，评标应当严格按照招标文件载明的标准和办法进行，招标人不得与投标人就投标价格、投标方案等实质性内容进行谈判。（4）中标的结果要公开。确定中标人后，招标人应当向中标人发出中标通知书，并同时将中标结果通知所有未中标的投标人。未中标的投标人对招标活动和中标结果有异议的，有权向有关行政监督部门投诉。

★　**第四条**　【物业管理发展的途径】国家鼓励采

用新技术、新方法，依靠科技进步提高物业管理和服务水平。

★ **第五条** 　【物业管理的监管机关】国务院建设行政主管部门负责全国物业管理活动的监督管理工作。

县级以上地方人民政府房地产行政主管部门负责本行政区域内物业管理活动的监督管理工作。

1. 为了规范物业管理活动，维护业主和物业服务企业的合法权益，改善人民群众的生活和工作环境，制定《物业管理条例》。（　　）

2. 国家鼓励采用新技术、新方法，依靠科技进步提高物业管理和服务水平。（　　）

3. 国家提倡业主通过（　　）的市场竞争机制选择物业服务企业。

   A. 公开、公平、公正

   B. 公开、诚信、公正

   C. 公开、公平、诚信

   D. 诚信、公平、公正

4. 物业管理，是指业主通过选聘物业服务企业，由业主和物业服务企业按照____约定，对房屋及配套的设施设备和相关场地进行____，维护物业管理区域内的____和相关秩序的活动。

5. 国务院____行政主管部门负责全国物业管理活动的监督管理工作。

　　＊ 本书小测试依次设置判断、选择、填空三种题型。

　　① 【答案】1. √。2. √。3. A。4. 物业服务合同；维修、养护、管理；环境卫生。5. 建设。

第二章　业主及业主大会

★★ **第六条** 【业主定义及权利】房屋的所有权人为业主。

业主在物业管理活动中，享有下列权利：

（一）按照物业服务合同的约定，接受物业服务企业提供的服务；

（二）提议召开业主大会会议，并就物业管理的有关事项提出建议；

（三）提出制定和修改管理规约、业主大会议事规则的建议；

（四）参加业主大会会议，行使投票权；

（五）选举业主委员会成员，并享有被选举权；

（六）监督业主委员会的工作；

（七）监督物业服务企业履行物业服务合同；

（八）对物业共用部位、共用设施设备和相关场地使用情况享有知情权和监督权；

（九）监督物业共用部位、共用设施设备专项维修资金（以下简称专项维修资金）的管理和使用；

（十）法律、法规规定的其他权利。

业主有权请求公布、查阅下列应当向业主公开的情况和资料：（1）建筑物及其附属设施的维修资金的筹集、使用情况；（2）管理规约、业主大会议事规则，以及业主大会或者业主委员会的决定及会议记录；（3）物业服务合同、共有部分的使用和收益情况；（4）建筑区划内规划用于停放汽车的车位、车库的处分情况；（5）其他应当向业主公开的情况和资料。

☞ **相关法条**

《民法典》第 272~277 条

《最高人民法院关于审理建筑物区分所有权纠纷案件适用法律若干问题的解释》第 1 条、第 7 条、第 13 条

★★ **第七条** 【**业主的义务**】业主在物业管理活动中，履行下列义务：

（一）遵守管理规约、业主大会议事规则；

（二）遵守物业管理区域内物业共用部位和共用设施设备的使用、公共秩序和环境卫生的维护等方面的规章制度；

（三）执行业主大会的决定和业主大会授权业主委员会作出的决定；

（四）按照国家有关规定交纳专项维修资金；

（五）按时交纳物业服务费用；

（六）法律、法规规定的其他义务。

注　释

业主不得违反法律、法规以及管理规约，将住宅改变为经营性用房。业主将住宅改变为经营性用房的，除遵守法律、法规以及管理规约外，应当经有利害关系的业主一致同意。

业主的相关行为应当符合节约资源、保护生态环境的要求。对于物业服务企业或者其他管理人执行政府依法实施的应急处置措施和其他管理措施，业主应当依法予以配合。业主大会或者业主委员会，对任意弃置垃圾、排放污染物或者噪声、违反规定饲养动物、违章搭建、侵占通道、拒付物业费等损害他人合法权益的行为，有权依照法律、法规以及管理规约，请求行为人停止侵害、排除妨碍、消除危险、恢复原状、赔偿损失。业主或者其他行为人拒不履行相关义务的，有关当事人可以向有关行政主管部门报告或者投诉，有关行政主管部门应当依法处理。

☞ **相关法条**

《民法典》第 279 条、第 286 条

《最高人民法院关于审理建筑物区分所有权纠纷案件适用法律若干问题的解释》第 15 条

★ 第八条 【业主大会代表业主合法权益】物业管理区域内全体业主组成业主大会。

业主大会应当代表和维护物业管理区域内全体业主在物业管理活动中的合法权益。

注 释

业主大会是业主为实现自己对物业的自我管理，为对物业管理区域内的共同事项作出决定而组成的。业主大会成立后，业主将主要通过业主大会这一机制实现对全体业主共同利益事项的决定和管理。

业主大会只能代表本物业管理区域内的全体业主，而不能代表该物业管理区域以外的业主。将业主大会的活动范围限定在其所属的物业管理区域内，可以防止业主大会从事与本物业管理区域无关的物业管理事项，有利于保障全体业主的合法权益。

第九条 【物业管理区域的划分】一个物业管理区域成立一个业主大会。

物业管理区域的划分应当考虑物业的共用设施设备、建筑物规模、社区建设等因素。具体办法由省、自治区、直辖市制定。

★ 第十条 【业主大会成立方式】同一个物业管理区域内的业主，应当在物业所在地的区、县人民政府房地产行政主管部门或者街道办事处、乡镇人民政府的指导下成立业主大会，并选举产生业主委员会。但是，只有一个业主的，或者业主人数较少且经全体业主一致同意，决定不成立业主大会的，由业主共同履行业主大会、业主委员会职责。

注 释

成立业主大会并非业主唯一可以选择的自我管理的形式，在只有一个业主，或者业主人数较少的情况下，业主可以自行或者通过全体协商的方式对共同事项作出决定。业主大会的成立应当接受物业所在地的区、县人民政府房地产行政主管部门的指导。业主大会成立时，应当选举产生业主委员会。

★★ 第十一条 【业主共同决定事项】下列事项由业主共同决定：

(一) 制定和修改业主大会议事规则；

(二) 制定和修改管理规约；

(三) 选举业主委员会或者更换业主委员会成员；

(四) 选聘和解聘物业服务企业；

(五) 筹集和使用专项维修资金；

(六) 改建、重建建筑物及其附属设施；

(七) 有关共有和共同管理权利的其他重大事项。

《民法典》第 278 条还增加了一项业主共同决定事项，即"改变共有部分的用途或者利用共有部分从事经营活动"。

★★ 第十二条　【业主大会会议的召开方式及决定】

业主大会会议可以采用集体讨论的形式，也可以采用书面征求意见的形式；但是，应当有物业管理区域内专有部分占建筑物总面积过半数的业主且占总人数过半数的业主参加。

业主可以委托代理人参加业主大会会议。

业主大会决定本条例第十一条第（五）项和第（六）项规定的事项，应当经专有部分占建筑物总面积 2/3 以上的业主且占总人数 2/3 以上的业主同意；决定本条例第十一条规定的其他事项，应当经专有部分占建筑物总面积过半数的业主且占总人数过半数的业主同意。

业主大会或者业主委员会的决定，对业主具有约束力。

业主大会或者业主委员会作出的决定侵害业主合法权益的，受侵害的业主可以请求人民法院予以撤销。

召开业主大会一般采用召集全体业主开会集体讨论的形式。但是，在业主人数较多的情况下，受时间、场地等因素的限制，召集全体业主亲自参加会议缺乏现实的可操作性。这时可以考虑其他的会议召开形式，如发放会议材料和选票等书面征求意见的形式。

《民法典》第 278 条第 2 款规定："业主共同决定事项，应当由专有部分面积占比三分之二以上的业主且人数占比三分之二以上的业主参与表决。决定前款第六项至第八项规定的事项，应当经参与表决专有部分面积四分之三以上的业主且参与表决人数四分之三以上的业主同意。决定前款其他事项，应当经参与表决专有部分面积过半数的业主且参与表决人数过半数的业主同意。"由此可知，对"筹集建筑物及其附属设施的维修资金""改建、重建建筑物及其附属设施""改变共有部分的用途或者利用共有部分从事经营活动"这三类事项的决定，除了应当由专有部分面积占比 2/3 以上的业主且人数占比 2/3 以上的业主参与表决外，还应当经参与表决专有部分面积 3/4 以上的业主且参与表决人数 3/4 以上的业主同意。因为这三类事项对业主利益影响更大，所以在表决上要求更为严格。

★★ 第十三条 【业主大会的会议类型及其启动方式】业主大会会议分为定期会议和临时会议。

业主大会定期会议应当按照业主大会议事规则的规定召开。经20%以上的业主提议，业主委员会应当组织召开业主大会临时会议。

> **注 释**
>
> 有下列情况之一的，业主委员会应当及时组织召开业主大会临时会议：（1）经专有部分占建筑物总面积20%以上且占总人数20%以上业主提议的；（2）发生重大事故或者紧急事件需要及时处理的；（3）业主大会议事规则或者管理规约规定的其他情况。

☞ **相关法条**

《业主大会和业主委员会指导规则》第21条

★ 第十四条 【业主大会会议的通知及记录】召开业主大会会议，应当于会议召开15日以前通知全体业主。

住宅小区的业主大会会议，应当同时告知相关的居民委员会。

业主委员会应当做好业主大会会议记录。

业主大会会议关系到各业主的切身利益，因此对于会议时间、地点、内容、决议事项等重要事项应当提前 15 日进行通知，一般在物业管理小区内公告或者将会议通知等材料送达全体业主。

另外，居民委员会的职责包含对社区的管理，所以业主大会应及时通知居民委员会，便于其对业主大会的相关工作进行指导和监督。

★ **第十五条　【业主委员会的性质和职责】** 业主委员会执行业主大会的决定事项，履行下列职责：

（一）召集业主大会会议，报告物业管理的实施情况；

（二）代表业主与业主大会选聘的物业服务企业签订物业服务合同；

（三）及时了解业主、物业使用人的意见和建议，监督和协助物业服务企业履行物业服务合同；

（四）监督管理规约的实施；

（五）业主大会赋予的其他职责。

具体而言，业主委员会履行以下职责：（1）执行业主大会的决定和决议；（2）召集业主大会会议，报告物业管理实施情况；（3）与业主大会选聘的物业服务企业签订物业服务合同；（4）及时了解业主、物业使用人的意见和建议，监督和协助物业服务企业履行物业服务合同；（5）监督管理规约的实施；（6）督促业主交纳物业服务费及其他相关费用；（7）组织和监督专项维修资金的筹集和使用；（8）调解业主之间因物业使用、维护和管理产生的纠纷；（9）业主大会赋予的其他职责。

☞ **相关法条**

《业主大会和业主委员会指导规则》第 35 条

★ **第十六条　【业主委员会的登记备案制度及其成员资格】** 业主委员会应当自选举产生之日起 30 日内，向物业所在地的区、县人民政府房地产行政主管部门和街道办事处、乡镇人民政府备案。

业主委员会委员应当由热心公益事业、责任心强、具有一定组织能力的业主担任。

业主委员会主任、副主任在业主委员会成员中推选产生。

业主委员会的工作内容和全体业主的共同事务往往有很大关系，涉及业主共同利益。业主委员会委员的工作更多的是为全体业主服务。很多业主委员会委员有自己的本职工作，业主委员会的工作往往是在本职工作之外进行的，而且很多没有报酬，没有很强的公益心和奉献精神，是很难胜任的。因此，业主委员会委员一定要由热心公益事业，乐于为大家服务的业主担任。

生活小案例

某小区正在筹备选举业主委员会，业主肖某和张某是候选人，但二人因不满物业公司提供的服务，拒绝交纳物业费，物业公司提出二人没有资格担任业主委员会委员。问：像肖某和张某这样的欠费业主适合担任业主委员会委员吗？

答：根据《业主大会和业主委员会指导规则》第31条规定，当选业主委员会委员的条件之一是遵守业主大会议事规则、管理规约，模范履行业主义务。交纳物业费是业主应该履行的义务，如果业主不交纳物业费，就没有资格担任业主委员会委员。另外，欠费业主担任业主委员会委员，不利于业主委员会代表业主与物业公司进行有效沟通，以高效、快捷地解决小区管理中存在的问题。欠费业主即使担任了业主委员会委员，也会因没有履行交费义务而被业主大会终止其委员资格。

★ **第十七条** 【**管理规约**】管理规约应当对有关物业的使用、维护、管理，业主的共同利益，业主应当履行的义务，违反管理规约应当承担的责任等事项依法作出约定。

管理规约应当尊重社会公德，不得违反法律、法规或者损害社会公共利益。

管理规约对全体业主具有约束力。

注 释

业主违反管理规约，须承担约定的违约责任。比如，擅自拆改房屋结构、外貌、设计用途、功能和布局，对房屋的内外承重墙、梁、柱、板、阳台进行违章凿、拆、搭，对外墙立面添装防护栏、防护网和晒衣架，损坏、拆除或者改造供水、供电、供气、供暖、通信、排水排污公用设施等。

承担违约责任的方式有停止侵害、排除妨碍、赔偿损失等法定方式；管理规约也可以另行设定承担责任的方式。

值得注意的是，我国法律规定，只有法律明确授权的国家机关才享有处罚权，才能对某些违法行为处以罚款。所以，管理规约对业主的违反规约的行为不得设定罚款，但可以通过约定交纳保证金、违约金的方式，当业主有违约行为时，从中予以扣除。对业主违反规约的行为，相关业主、房屋使用人、业主委员会或物业服务企业有权加以劝止，必要时可以向人民法院提起民事诉讼。

★ **第十八条** 【业主大会议事规则】业主大会议事规则应当就业主大会的议事方式、表决程序、业主委员会的组成和成员任期等事项作出约定。

注 释

业主大会议事规则应当对下列主要事项作出规定：(1) 业主大会名称及相应的物业管理区域；(2) 业主委员会的职责；(3) 业主委员会议事规则；(4) 业主大会会议召开的形式、时间和议事方式；(5) 业主投票权数的确定方法；(6) 业主代表的产生方式；(7) 业主大会会议的表决程序；(8) 业主委员会委员的资格、人数和任期等；(9) 业主委员会换届程序、补选办法等；(10) 业主大会、业主委员会工作经费的筹集、使用和管理；(11) 业主大会、业主委员会印章的使用和管理。

☞ 相关法条

《业主大会和业主委员会指导规则》第 19 条

★★ 第十九条 **【业主大会、业主委员会的职责限制】**业主大会、业主委员会应当依法履行职责，不得作出与物业管理无关的决定，不得从事与物业管理无关的活动。

业主大会、业主委员会作出的决定违反法律、法规的，物业所在地的区、县人民政府房地产行政主管部门或者街道办事处、乡镇人民政府，应当责令限期改正或者撤销其决定，并通告全体业主。

生活小案例

红叶小区业主委员会长期将该小区 5 号楼一层的空置房屋租赁给某房产中介公司，从中获利。该房产中介公司每天营业至次日凌晨，且该公司工作人员经常半夜在 5 号楼下喧哗，严重影响了楼上业主的夜间休息，业主们怨声载道。问：业主委员会能否从事经营活动？

答：业主委员会自身的特点及相应制度的设置结构，决定了它不能进行经营行为。首先，业主委员会作为小区业主的自治组织，没有任何营业执照或其他准予营业的证照，只需在成立后向房地产行政主管部门履行备案手续，因此不具备经营资格。其次，业主委员会本身没有可供开展经营活动的足够资金来源和场所，且业主委员会委员本身也并不是专职人员，在社会上往往还承担着其他领域的工作，担负着其他职责，因此不具备经营条件。再次，业主委员会是业主大会的执行机构，业主委员会委员也是由热心公益事业、责任心强、具有一定组织能力的业主担任的。而一旦发生经营行为，在没有有效监督的情况下，经营的营利性必然与业主委员会的公益性相冲突，从而使业主委员会的性质很难获得保证。因此，由业主委员会对小区的公共区域进行经营，表面上似乎有利于小区业主的利益，但业主委员会自身的特点及相应制度的设置结构，决定了这种表面上的利益是不可能实现的。而根据《物业管理条例》第 19 条的规定，业主委员会也不得作出与物业管理无关的决定，且不得从事与物业管理无关的活动。

★ **第二十条**　【业主大会、业主委员会与相关单位的关系】业主大会、业主委员会应当配合公安机关，与居民委员会相互协作，共同做好维护物业管理区域内的社会治安等相关工作。

在物业管理区域内，业主大会、业主委员会应当积极配合相关居民委员会依法履行自治管理职责，支持居民委员会开展工作，并接受其指导和监督。

住宅小区的业主大会、业主委员会作出的决定，应当告知相关的居民委员会，并认真听取居民委员会的建议。

注 释

业主大会、业主委员会对物业管理区域内的秩序的维护，是出于私法上的自我管理的目的进行的，决定的范围与程度都是有限的。因此，公安机关在物业管理区域内进行社会治安等相关工作时，业主大会、业主委员会应当积极地予以配合。

▶▶小测试◀◀①

1. 业主不可以委托代理人参加业主大会会议。（　　　）

2. 房屋的所有权人为业主。（　　　）

3. 业主大会或者业主委员会作出的决定侵害业主合法权益的，受侵害的业主可以请求人民法院予以撤销。（　　　）

4. 业主大会、业主委员会应当依法履行职责，可以作出与物业管理无关的决定，可以从事与物业管理无关的活动。（　　　）

5. 召开业主大会会议，应当于会议召开（　　　）日以前通知全体业主。

———————————

① 【答案】1. ×，解析：《物业管理条例》第12条。2. √。3. √。4. ×，解析：《物业管理条例》第19条。5. A。6. AB。7. 业主大会；业主大会。8. 集体讨论；书面征求意见；占总人数过半数。9. 定期会议；临时会议；20%。10. 公安机关；居民委员会。

物业管理条例：大字学习版

A. 15　　B. 30　　C. 45　　　D. 10

6. （　　）的决定，对业主具有约束力。

　　A. 业主大会　　　　B. 业主委员会

　　C. 任一业主　　　　D. 业主委员会委员

7. 物业管理区域内全体业主组成____。____应当代表和维护物业管理区域内全体业主在物业管理活动中的合法权益。

8. 业主大会会议可以采用____的形式，也可以采用____的形式；但是，应当有物业管理区域内专有部分占建筑物总面积过半数的业主且____的业主参加。

9. 业主大会会议分为____和____。业主大会定期会议应当按照业主大会议事规则的规定召开。经____以上的业主提议，业主委员会应当组织召开业主大会临时会议。

10. 业主大会、业主委员会应当配合____，与____相互协作，共同做好维护物业管理区域内的社会治安等相关工作。

第三章　前期物业管理

★ **第二十一条**　【前期物业服务合同】在业主、业主大会选聘物业服务企业之前，建设单位选聘物业服务企业的，应当签订书面的前期物业服务合同。

注　释

通常状况下，业主、业主大会选聘物业服务企业开展工作，物业服务合同在业主大会和物业服务企业之间签订，但常常在物业建成之后、业主大会成立之前，就需要进行物业管理活动。由于业主大会尚未成立，只能由建设单位选聘物业服务企业对物业实施管理服务，物业服务合同在建设单位和物业服务企业之间签订。这时的物业服务合同称为前期物业服务合同。

前期物业服务合同有以下特征：（1）前期物业服务合同具有过渡性。一旦业主大会成立或者全体业主选聘了物业服务企业，业主与物业服务企业签订的合同发生效力，就意味着前期物业管理阶段结束。（2）前期物业服务合同由建设单位和物业服务企业签订。（3）前期物业服务合同是要式合同，即法律要求必须具备一定形式的合同。前期物业服务合同必须以书面的形式签订。

★ **第二十二条　【临时管理规约】**建设单位应当在销售物业之前，制定临时管理规约，对有关物业的使用、维护、管理，业主的共同利益，业主应当履行的义务，违反临时管理规约应当承担的责任等事项依法作出约定。

建设单位制定的临时管理规约，不得侵害物业买受人的合法权益。

注　释

临时管理规约是业主大会制定管理规约前的版本。临时管理规约也可以在房屋销售并交付使用后，经业主大会决议修改成为管理规约。临时管理规约虽然是临时的，但只是针对它的时间效力而言，就其内容所包含的事项而言，临时管理规约与正式的管理规约差异不大。

★ **第二十三条　【关于对临时管理规约的说明义务以及承诺遵守的义务】**建设单位应当在物业销售前将临时管理规约向物业买受人明示，并予以说明。

物业买受人在与建设单位签订物业买卖合同时，应当对遵守临时管理规约予以书面承诺。

本条第 1 款所称"明示",应该理解为是以书面的形式向物业买受人明确无误地告示,如直接将临时管理规约文本交与物业买受人,或者以通告的方式,在显眼的地方予以公示。

为了进一步强化和保护物业买受人的权益,本条第 2 款规定,物业买受人应当对遵守临时管理规约进行承诺。为了避免建设单位和物业买受人对是否已经明示和说明的事实发生争议,减少纠纷,承诺应当采用书面的方式。实践中,通常的做法是建设单位将临时管理规约作为物业买卖合同的附件,或者在物业买卖合同中明确规定要求物业买受人遵守临时管理规约的条款,让物业买受人在物业买卖合同上签字确认。物业买受人签字确认后也就意味着临时管理规约得到物业买受人的接受和认可,从而为物业买受人遵守临时管理规约提供了合理的依据。

★ **第二十四条** 【**前期物业管理招投标**】国家提倡建设单位按照<u>房地产开发与物业管理相分离</u>的原则,通过招投标的方式选聘物业服务企业。

住宅物业的建设单位,应当通过<u>招投标的方式选聘物业服务企业</u>;投标人少于 3 个或者<u>住宅规模较小的</u>,经物业所在地的区、县人民政府房地产行政主管部门批准，可以采用协议方式选聘物业服务企业。

☞ **相关法条**

《招标投标法》第2条

★ **第二十五条　【买卖合同内容包含前期物业服务合同内容】**建设单位与物业买受人签订的买卖合同应当包含前期物业服务合同约定的内容。

前期物业管理的主要内容包括：（1）建立与业主、物业使用人的联络关系，即听取业主、物业使用人对物业管理的要求和希望，了解业主、物业使用人对物业使用的有关安排与打算，参与销售部门同业主、物业使用人签约。（2）设计管理模式，草拟物业管理制度，包括与房地产开发企业一起草拟物业管理区域的规章制度、业主大会议事规则、临时管理规约等；设置物业管理区域内的组织机构，规定各部门人员岗位责任制度，编制住户手册、物业管理区域的综合管理办法等；制订上岗人员的培训计划并加以实施。（3）建立服务系统和服务网络，包括保安、清洁、养护、维修、绿化队伍的建立或者选聘，洽谈和订立合同；同街道、公安、交通、环保、卫生、市政、园林、教育、公用事业及商业等部门进行联络、沟通；代办服务项目网络。（4）办理移交承接事项，即拟定移交物业承接办法、筹备成立业主大会、协助办理移交物业承接事宜。此外，前期物业服务协议的主要内容还包括物业接管前的验收、开发商的保修责任、前期物业服务的费用承担等。

★★ 第二十六条 【前期物业服务合同期限】前期物业服务合同可以约定期限；但是，期限未满、业主委员会与物业服务企业签订的物业服务合同生效的，前期物业服务合同终止。

前期物业服务合同是一种附终止条件的合同。虽然期限未满，但业主委员会与物业服务企业签订的物业服务合同生效的，前期物业服务合同仍然终止。这是由前期物业管理本身的过渡性决定的。一旦业主组成了代表和维护自己利益的业主大会，选聘了物业服务企业，进入了正常的物业管理阶段，则前期物业管理就不再有存在的必要，自动终止，终止的时间以业主委员会与物业服务企业签订的物业服务合同生效时间为准。

★★ **第二十七条** 【建设单位不得擅自处分业主共有或者共用的物业】业主依法享有的物业共用部位、共用设施设备的所有权或者使用权，建设单位不得擅自处分。

建设单位、物业服务企业或者其他管理人等擅自占用、处分业主共有部分、改变其使用功能或者进行经营性活动，权利人有权请求排除妨害、恢复原状、确认处分行为无效或者赔偿损失。

在板式楼的商品房开发中，很多开发商将一层住宅的窗前绿地归属于购买一层住宅的区分所有人使用。在整体绿地归全体业主所共有的同时，一层住宅的区分所有人还有专有使用的绿地，可以圈起小栅栏，成为自家一统的格局。在这类商品房的销售中，尽管板式楼的一层是最难销售的，但是随着赠送窗前绿地的承诺，不仅一层楼的销售形势大为好转，而且一层楼的价格也由最低价格变为与最好的楼层价格一样高。问：开发商将一层住宅的窗前绿地归属于购买一层住宅的区分所有人使用的做法是否合法？

答：按照建筑物区分所有权的基本规则，建筑物区分所有权包含三个权利，即对区分所有的建筑物专有部分享有的专有权、对共用部分的共有权以及对于区分所有建筑物整体享有的成员权。就区分所有的建筑物而言，除了区分所有人依据专有权独占的专有部分之外，建筑物的其他部分以及设施、设备，都属于区分所有人共有（即共有权的标的）。《民法典》第274条明确规定，建筑区划内的绿地，属于业主共有。窗前绿地的土地使用权属于全体业主，是区分所有建筑物的共有部分，全体业主对土地使用权行使共有的权利，将其中的一部分划归于某一个或者某一些业主享有专有使用权，那么对全体业主来说，其权利受到了侵害。

☞ **相关法条**

《民法典》第 274 条、第 275 条

《最高人民法院关于审理建筑物区分所有权纠纷案件适用法律若干问题的解释》第 3 条、第 14 条

★ **第二十八条** 【共用物业的承接验收】物业服务企业承接物业时，应当对物业共用部位、共用设施设备进行查验。

注 释

　　物业的承接验收，是物业服务企业承接房地产开发企业、公有房屋出售单位或者业主、业主委员会委托管理的新建房屋或者原有房屋时，以物业主体结构安全和满足使用功能为主要内容的再检验。物业承接验收是物业服务企业承接物业时不可或缺的工作程序。

　　物业承接验收具有以下几方面意义：(1) 明确建设单位、业主、物业服务企业的责、权、利，维护各自的合法权益。(2) 促使建设单位提高建设质量，加强物业建设与管理的衔接，提供开展物业管理的必备条件，确保物业的使用安全和功能，保障物业买受人享受物业管理消费的权益。(3) 着力解决日趋增多的物业管理矛盾和纠纷，规范物业管理行业有序发展，提高人民群众居住水平和生活质量，维护社会安定。

★ **第二十九条　【物业承接验收时应移交的资料】**
在办理物业承接验收手续时，建设单位应当向物业服务企业移交下列资料：

（一）竣工总平面图，单体建筑、结构、设备竣工图，配套设施、地下管网工程竣工图等竣工验收资料；

（二）设施设备的安装、使用和维护保养等技术资料；

（三）物业质量保修文件和物业使用说明文件；

（四）物业管理所必需的其他资料。

物业服务企业应当在前期物业服务合同终止时将上述资料移交给业主委员会。

注　释

　　物业资料是物业服务企业对物业实施管理的重要基础。一方面，物业服务企业承接物业，对物业共用部位、共用设施设备进行查验时，只有接收了相关物业资料才能掌握有关物业的基本情况并进行现场查验。另一方面，随着科技的发展，物业中的科技含量越来越高，物业的管理和维护越来越需要专业人员的专业化操作才能进行，这些都建立在对物业相关图纸、资料充分掌握的基础之上。只有掌握了这些资料，物业服务企业才能在业主报修或者有突发事件需要处理的时候，在最短的时间内找到问题的症结，制定实施方案予以解决。因此，物业承接验收时，建设单位向物业服务企业移交物业资料的工作就具有非常重要的意义。

★ **第三十条** 【物业管理用房】建设单位应当按照规定在物业管理区域内配置必要的物业管理用房。

注 释

物业管理用房的所有权依法属于业主。业主委员会是业主大会的执行机构，受业主大会委托管理全体业主的共有财产和共同生活事务。依法成立的业主委员会在其职责范围内，经业主代表大会授权，就物业管理有关的、涉及全体业主公共利益的事宜，有权向人民法院提起民事诉讼。无权处分人转让物业管理用房的，业主委员会有资格提起诉讼要求确认转让无效。

★ **第三十一条** 【建设单位的物业保修责任】建设单位应当按照国家规定的保修期限和保修范围，承担物业的保修责任。

1. 在业主、业主大会选聘物业服务企业之前，建设单位选聘物业服务企业的，可以签订书面或口头的前期物业服务合同。（　　）

2. 业主依法享有的物业共用部位、共用设施设备的所有权或者使用权，建设单位不得擅自处分。（　　）

3. 建设单位应当按照规定在物业管理区域内配置必要的物业管理用房。（　　）

4. 投标人少于（　　）或者住宅规模较小的，经物业所在地的区、县人民政府房地产行政主管部门批准，可以采用协议方式选聘物业服务企业。

　　A. 2 个　　　　　　　　B. 3 个

　　C. 4 个　　　　　　　　D. 5 个

5. 建设单位应当在销售物业之前，制定临时管理规约，对（　　）等事项依法作出约定。

　　A. 有关物业的使用、维护、管理

　　B. 业主的共同利益

　　C. 业主应当履行的义务

　　D. 违反临时管理规约应当承担的责任

6. 物业买受人在与建设单位签订物业买卖合同时，应当对遵

　　① 【答案】1. ×，解析：《物业管理条例》第 21 条。2. √。3. √。4. B。5. ABCD。6. 书面承诺。7. 期限；生效；终止。

守临时管理规约予以＿＿。

7. 前期物业服务合同可以约定＿＿；但是，期限未满、业主委员会与物业服务企业签订的物业服务合同＿＿的，前期物业服务合同＿＿。

第四章　物业管理服务

★ **第三十二条**　【物业服务企业】从事物业管理活动的企业应当具有独立的法人资格。

国务院建设行政主管部门应当会同有关部门建立守信联合激励和失信联合惩戒机制，加强行业诚信管理。

注　释

从事物业管理活动的企业应当具有独立的法人资格，意味着物业服务企业应当具备下列条件：（1）依法成立。（2）有必要的财产或者经费。（3）有自己的名称、组织机构和住所。（4）能够独立承担民事责任。如果企业不能就自己的行为承担相应责任，难谓其具独立的主体资格。

☞ **相关法条**

《民法典》第 57~60 条

★ **第三十三条**　【物业管理区域统一管理】一个物业管理区域由一个物业服务企业实施物业管理。

虽然一个物业管理区域应当由一家物业服务企业实施统一的物业服务，但对提供物业服务的物业服务企业而言，是可以根据实际情况将专项服务业务委托给专业服务公司的。例如，甲物业服务公司在接管某一物业区域后，可以将保安业务委托给保安公司，将绿化工作委托给专业的园林绿化公司。这是在统一管理原则下的委托管理，与本条规定并不矛盾。

★ **第三十四条** 【物业服务合同】业主委员会应当与业主大会选聘的物业服务企业订立书面的物业服务合同。

物业服务合同应当对物业管理事项、服务质量、服务费用、双方的权利义务、专项维修资金的管理与使用、物业管理用房、合同期限、违约责任等内容进行约定。

一般来说，物业委托管理的管理事项应主要有以下内容：（1）建筑物本体建筑的维修养护与更新改造。（2）物业公用设备、设施，如公用照明、中央空调的使用管理、维修、养护和更新。（3）物业区域内市政公用设施和附属建筑物、构筑物的使用管理、维修、养护与更新。（4）附属配套建筑和设施，包括商业网点等的维修、养护与管理。（5）环境卫生管理与服务。（6）安全管理与服务（如治安管理、消防管理和车辆道路安全管理等）。（7）物业档案资料管理。（8）环境的美化与绿化管理，如公共绿地、花木、建筑小品等的养护、营造与管理。（9）供暖管理。（10）社区文化建设。

☞ **相关法条**

《民法典》第 469 条、第 937~950 条

★★ **第三十五条　【物业服务企业的义务和责任】** 物业服务企业应当按照物业服务合同的约定，提供相应的服务。

物业服务企业未能履行物业服务合同的约定，导致业主人身、财产安全受到损害的，应当依法承担相应的法律责任。

注　释

物业服务企业应当采取合理措施保护业主的人身及财产安全，消除安全隐患，预防损害的发生。例如，以醒目的方式告知业主 24 小时有保安在岗的值班室以及附近派出所的联系电话，在重要部位如地下停车场、单元楼门口

等安装监控探头，按照约定和有关规定对电梯进行安全检修，等等。如果出现可能危害或者已经危害到业主人身、财产安全的情形，物业服务企业应当及时制止相关行为，并且视情况采取必要措施以尽量保障业主的人身、财产安全。例如，发现小区单元楼发生高空抛物的行为，根据《民法典》第1254条第2款的规定，物业服务企业等建筑物管理人应当采取必要的安全保障措施防止前款规定情形的发生；未采取必要的安全保障措施的，应当依法承担未履行安全保障义务的侵权责任。

★ **第三十六条** 【物业验收和资料移交】物业服务企业承接物业时，应当与业主委员会办理物业验收手续。

业主委员会应当向物业服务企业移交本条例第二十九条第一款规定的资料。

注 释

承接验收是物业管理过程中的一个重要环节，是物业管理的基础工作和前提条件，对物业管理的顺利进行有着重要的意义。物业服务企业在承接一个物业项目并签订物业服务合同时，理所当然要对物业进行认真的清点和查验，以明确交接双方的权利义务，从而实现权利义务的转移，维护双方的利益，同时有利于物业服务企业根据承接的有关物业资料，了解物业的性能与特点，预防物业管理事务中可能出现的问题，确保接管后物业的正常使用。

★★ **第三十七条** 【物业管理用房所有权属和用途】

物业管理用房的所有权依法属于业主。未经业主大会同意，物业服务企业不得改变物业管理用房的用途。

注 释

物业管理用房，又称物业服务用房，是指物业服务企业为业主提供物业服务而使用的房屋。物业服务用房是向小区提供物业服务所必需的。没有物业服务用房，物业服务人就无法为业主提供必要的物业服务。

物业服务用房属于业主共有。物业服务人开始为业主提供物业服务时，就可以使用物业服务用房。但是，物业服务用房的用途是特定的，物业服务人不得擅自改变用途，如出租给商户用于开设餐馆等，但是经过业主大会同意的除外。

☞ **相关法条**

《民法典》第 274 条

★ **第三十八条** 【合同终止时物业服务企业的义务】

物业服务合同终止时，物业服务企业应当将物业管理用房和本条例第二十九条第一款规定的资料交还给业主委员会。

物业服务合同终止时，业主大会选聘了新的物业服务企业的，物业服务企业之间应当做好交接工作。

注 释

物业服务合同终止的，原物业服务人应当在约定期限或者合理期限内退出物业服务区域，将物业服务用房、相关设施、物业服务所必需的相关资料等交还给业主委员会、决定自行管理的业主或者其指定的人，配合新物业服务人做好交接工作，并如实告知物业的使用和管理状况。

物业服务合同涉及的服务事项较多，是继续性合同，一般服务期限较长，原物业服务人不仅长期占有物业服务用房，而且掌握了小区内相关设施、物业服务的很多相关资料，这些物业服务用房及相关资料在物业服务合同终止时应当交还给业主委员会、决定自行管理的业主或者其指定的人；如果已经选定了新物业服务人，原物业服务人还应当配合新物业服务人做好交接工作，如实告知物业的使用和管理情况。具体如何进行交接，双方可以在物业服务合同中进行约定。

《民法典》第 949 条

★★ **第三十九条** 【专项服务业务的转委托】物业服务企业可以将物业管理区域内的专项服务业务委托给专业性服务企业，但<u>不得将该区域内的全部物业管理一并委托给他人</u>。

<u>注　释</u>

物业服务企业将物业服务区域内的全部物业服务业务一并委托他人而签订的委托合同，业主委员会或者业主请求确认合同或者合同相关条款无效的，人民法院应予支持。

☞ **相关法条**

《民法典》第 169 条、第 285 条、第 923 条

★ **第四十条** 【物业服务收费】物业服务收费应当遵循<u>合理、公开以及费用与服务水平相适应</u>的原则，区别不同物业的性质和特点，由业主和物业服务企业按照国务院价格主管部门会同国务院建设行政主管部门制定的物业服务收费办法，在物业服务合同中约定。

注 释

物业服务收费，是指物业服务企业按照物业服务合同的约定，对房屋及配套的设施设备和相关场地进行维修、养护、管理，维护相关区域内的环境卫生和秩序，向业主所收取的费用。

物业服务收费应当明码标价，具体包括：物业服务企业名称、收费对象、服务内容、服务标准、计费方式、计费起始时间、收费项目、收费标准、价格管理形式、收费依据、价格举报电话等。实行政府指导价的物业服务收费应当同时标明基准收费标准、浮动幅度，以及实际收费标准。

★★ **第四十一条** 【物业服务费交纳】业主应当根据物业服务合同的约定交纳物业服务费用。业主与物业使用人约定由物业使用人交纳物业服务费用的，从其约定，业主负连带交纳责任。

已竣工但尚未出售或者尚未交给物业买受人的物业，物业服务费用由建设单位交纳。

注 释

物业服务费的交纳不以入住为前提，如果合同中有时间约定，则以该约定为准，如果没有约定，那么物业服务费的交纳一般应从业主收房时开始计算。物业的管理不仅是对人的管理，更重要的是对物业本身的管理。虽然业主没入住，但是物业管理已经涉及物业本身，这不仅包括业主独有的部分，更重要的是对共用部分、共用设施的管理。因此，物业服务费的交纳不应当以入住为前提。至于每年交多少，应在政府指导价的范围内按照合同的约定交纳。

已实际居住但未获得产权之前，虽然买受人尚未获得所购房屋的产权，但其已经实际居住房屋，从物业管理中受益，理应支付物业服务费用。一般而言，房屋买卖合同的签订时间与房屋产权过户的时间并非一致，业主在产权过户手续办理完毕之前，因其并未获得房屋产权，所以，此时已经入住的买受人仍然不是产权人，此时的产权人仍为房地产开发商。虽然如此，但买受人对入住房屋已经享有相当的控制权，获得了实际居住的权利；而且，已经办理了入住手续的买受人将从物业管理中受益，要求其支付物业服务费用也是合理的。因此，获得产权之前的买受人虽然不是法律意义上的业主，但仍应当按照业主的标准履行物业管理有关的义务。

★ **第四十二条** 【物业服务收费监督】县级以上人民政府价格主管部门会同同级房地产行政主管部门，应当加强对物业服务收费的监督。

价格主管部门进行价格监督检查时，可以行使下列职权：(1) 询问当事人或者有关人员，并要求其提供证明材料和与价格违法行为有关的其他资料；(2) 查询、复制与价格违法行为有关的账簿、单据、凭证、文件及其他资料，核对与价格违法行为有关的银行资料；(3) 检查与价格违法行为有关的财物，必要时可以责令当事人暂停相关营业；(4) 在证据可能灭失或者以后难以取得的情况下，可以依法先行登记保存，当事人或者有关人员不得转移、隐匿或者销毁。物业管理企业作为经营者，在接受政府价格主管部门的监督检查时，应当如实提供价格监督检查所必需的账簿、单据、凭证、文件及其他资料。任何单位和个人均有权对物业管理企业的价格违法行为进行举报。

☞ **相关法条**

《价格法》第 5 条

★ **第四十三条 【业主特约服务】** 物业服务企业可以根据业主的委托提供物业服务合同约定以外的服务项目，服务报酬由双方约定。

如果业主需要物业服务企业提供物业服务合同中约定的服务以外的其他服务的，必须与物业服务企业单独订立委托合同，就服务的种类、标准、服务费用的数额及其支付的方式、时间等作出具体的约定。合同一经成立生效，当事人必须按照合同的约定履行合同，否则就会构成违约从而须承担违约责任。

★★ **第四十四条 【公用事业单位收费】** 物业管理区域内，供水、供电、供气、供热、通信、有线电视等单位应当向最终用户收取有关费用。

物业服务企业接受委托代收前款费用的，不得向业主收取手续费等额外费用。

生活小案例

家住西安某小区的业主郭女士说，小区原本应于2021年6月交房，但开发商提前到2020年12月就交房了。2021年10月份，小区物业公司还承诺冬季按时供暖，但眼看要到供暖的日子，物业公司却没有任何动静。小区业主一起去物业公司询问才得知，物业公司不供暖了。随后，物业公司也贴出通知称，因为入住率很低，所以不能供暖。问：物业公司以入住率低为由而不予供暖，业主该怎么办？

答：目前，小区居民住宅的供暖方式主要有两种：一种是专门的热力集团或热力公司集中供暖，另一种是小区自身配套的供暖设备供暖，主要是锅炉供暖。如果是专门的热力集团供暖，物业公司无权决定是否供暖。根据《物业管理条例》第 44 条第 1 款的规定可知，直接的供暖人是热力公司的，物业公司只负责代收供暖费及日常的协助供暖管理。决定是否供暖的是热力公司，而热力公司的供暖对象一般不是一个小区，因此一般不会受单个小区业主入住率的影响。如果是利用小区自身配套的供暖设备供暖，那么，业主也有权通过业主大会决议的形式要求供暖。根据《住宅专项维修资金管理办法》第 3 条的规定，小区的锅炉、暖气线路属于业主共用设施设备，除非购房合同中明确了此锅炉由开发商单独购买，否则属于已经被业主分摊了的部分。因此，物业公司只是此设备的委托管理人。作为管理人，物业公司有权依照《前期物业服务合同》的规定供暖。此时，业主如想尽快摆脱没有暖气的日子，应当尽早通过业主大会决定是否供暖，毕竟供暖所需能源一般是由业主承担的。

☞ **相关法条**

《民法典》第 648~656 条

★ **第四十五条　【对违法行为的制止、报告】** 对物业管理区域内违反有关治安、环保、物业装饰装修和使用等方面法律、法规规定的行为，物业服务企业应当制止，并及时向有关行政管理部门报告。

有关行政管理部门在接到物业服务企业的报告后，应当依法对违法行为予以制止或者依法处理。

注 释

　　本条并没有赋予物业服务企业行政执法权。因为物业服务企业接受的是全体业主的委托，维护的是全体业主的利益，在物业管理区域内发生违法违规行为，侵害的正是全体业主的利益，作为管理服务人，物业服务企业有义务予以制止。也就是说，这里的"制止"，更多的是一种义务而不是权利。同时，物业服务企业的制止义务是有限度的，对一些违法违规行为，例如擅自改变房屋用途，物业服务企业可能无法制止，这时，物业服务企业应当做的是及时向有关主管部门报告。

　　业主违反物业服务合同或者法律、法规、管理规约，实施妨碍物业服务与管理的行为，物业服务人请求业主承担停止侵害、排除妨碍、恢复原状等相应民事责任的，人民法院应予支持。

☞ **相关法条**

　　《民法典》第 279 条

《最高人民法院关于审理物业服务纠纷案件适用法律若干问题的解释》第 1 条

★ **第四十六条** 【物业服务企业的安全防范义务及保安人员的职责】物业服务企业应当协助做好物业管理区域内的安全防范工作。发生安全事故时，物业服务企业在采取应急措施的同时，应当及时向有关行政管理部门报告，协助做好救助工作。

物业服务企业雇请保安人员的，应当遵守国家有关规定。保安人员在维护物业管理区域内的公共秩序时，应当履行职责，不得侵害公民的合法权益。

> **注 释**
>
> 　　小区治安管理义务具体包括以下内容：（1）执行门卫值班制度，以防闲杂人员自由进出物业小区；（2）实施安保巡逻制度，以便及时发现并排除治安隐患；（3）制止不遵守管理规约等规章制度的各种行为；（4）检查进出小区的车辆，并维护小区内车辆的停放秩序；（5）防范并制止其他妨害小区公共安全秩序的行为。

★ **第四十七条** 【物业使用人的权利义务】物业使用人在物业管理活动中的权利义务由业主和物业使用人约定，但不得违反法律、法规和管理规约的有关规定。

　　物业使用人违反本条例和管理规约的规定，有关业主应当承担连带责任。

注　释

　　业主在选择物业使用人时，应当承担责任，使其选择的物业使用人不违反相关法律、法规及业主管理规约的规定，以保证物业服务合同的履行和全体业主的利益。业主和物业使用人之间关于权利义务关系的内部约定不能对抗第三人。因此，对物业使用人违反《物业管理条例》和业主管理规约的行为，物业公司可要求业主承担连带责任，但业主在承担责任后可依法向物业使用人追偿。

　★　**第四十八条**　【关于物业管理的投诉】县级以上地方人民政府房地产行政主管部门应当及时处理业主、业主委员会、物业使用人和物业服务企业在物业管理活动中的投诉。

注　释

　　投诉人可以是业主委员会、业主和物业使用人，也可以是物业服务企业。被投诉的对象一般是物业服务企业，也可以是业主委员会、业主和物业使用人、物业所在地的房地产管理部门、其他行政管理部门等。

1. 从事物业管理活动的企业应当具有独立的法人资格。（　　）

2. 一个物业管理区域可以由两个物业服务企业实施物业管理。（　　）

3. 物业服务合同终止时，业主大会选聘了新的物业服务企业的，物业服务企业之间应当做好交接工作。（　　）

4. 县级以上人民政府财政部门会同同级房地产行政主管部门，应当加强对物业服务收费的监督。（　　）

5. 物业服务企业未能履行物业服务合同的约定，导致业主（　　）受到损害的，应当依法承担相应的法律责任。

    A. 人身、财物安全

    B. 身体、财产安全

    C. 人身、财务安全

    D. 人身、财产安全

6. 物业服务合同应当对（　　）、物业管理用房、合同期限、违约责任等内容进行约定。

    A. 物业管理事项

---

① 【答案】1. √。2. ×，解析：《物业管理条例》第 33 条。3. √。4. ×，解析：《物业管理条例》第 42 条。5. D。6. ABCD。7. ABCD。8. 书面。9. 所有权；不得改变。10. 治安、环保；制止。

B. 服务质量、服务费用

C. 双方的权利义务

D. 专项维修资金的管理与使用

7. 县级以上地方人民政府房地产行政主管部门应当及时处理（　　）在物业管理活动中的投诉。

A. 业主

B. 业主委员会

C. 物业使用人

D. 物业服务企业

8. 业主委员会应当与业主大会选聘的物业服务企业订立____的物业服务合同。

9. 物业管理用房的____依法属于业主。未经业主大会同意，物业服务企业____物业管理用房的用途。

10. 对物业管理区域内违反有关____、物业装饰装修和使用等方面法律、法规规定的行为，物业服务企业应当____，并及时向有关行政管理部门报告。

第五章　物业的使用与维护

★★ **第四十九条** 【**改变公共建筑及共用设施用途的程序**】物业管理区域内按照规划建设的<u>公共建筑</u>和<u>共用设施</u>，<u>不得改变用途</u>。

业主依法确需改变公共建筑和共用设施用途的，应当在依法办理有关手续后<u>告知物业服务企业</u>；物业服务企业确需改变公共建筑和共用设施用途的，应当提请<u>业主大会讨论决定同意</u>后，由业主依法办理有关手续。

> **生活小案例**
>
> 某商厦五楼是一家百货公司，公司职员为图方便，于是将公司废纸箱堆放在消防疏散楼梯内，打算堆积到一定数量时再搬回仓库处理。物业公司发现后，提出消防疏散楼梯是用于消防事故发生时紧急疏散人群的，不能将纸箱堆放在消防疏散楼梯内，双方就此问题产生了矛盾。问：业主能否在消防疏散楼梯内堆放杂物？
>
> 答：消防疏散楼梯是物业区域内的共用设施，有特殊的用途，是用于事故发生时紧急疏散人群的，在正常情况下不得作为通行楼梯使用，也不得堆放杂物，造成堵塞等。

根据《物业管理条例》第 49 条的规定，如果业主没有办理相应的手续并取得业主大会的同意，则不得将杂物堆放在消防疏散楼梯内。并且，物业公司有权对此行为进行制止，因为物业服务企业对物业管理区域内违反有关治安、环保、物业装饰装修和使用等方面法律、法规规定的行为应当制止，并及时向有关行政管理部门报告。另外，对于业主的行为，除了令其清除以外，根据《物业管理条例》第 63 条的规定，还应当由县级以上地方人民政府房地产行政主管部门处 1000 元以上 1 万元以下的罚款。

☞ **相关法条**

《民法典》第 274 条

《最高人民法院关于审理建筑物区分所有权纠纷案件适用法律若干问题的解释》第 14 条

★★ **第五十条 【公共道路、场地的占用、挖掘】** 业主、物业服务企业不得擅自占用、挖掘物业管理区域内的道路、场地，损害业主的共同利益。

因维修物业或者公共利益，业主确需临时占用、挖掘道路、场地的，应当征得业主委员会和物业服务企业的同意；物业服务企业确需临时占用、挖掘道路、场地的，应当征得业主委员会的同意。

业主、物业服务企业应当将临时占用、挖掘的道路、场地，在约定期限内恢复原状。

注 释

　　物业管理区域内的道路、场地属于全体业主所共有，应该由全体业主按照其通常用途加以使用。通常而言，单个业主以及物业服务企业均无权超出物业使用与服务的范围而擅自占用、挖掘道路、场地，否则就侵害了其他业主或者全体业主对于物业共有或者共用部分所享有的权利。

　　但是，在特殊情况下，业主或者物业服务企业可能需要临时占用与挖掘道路、场地。

　　本条例对此限定在因维修物业或者公共利益，并且是确需占用、挖掘的。除了上述前提条件外，还需获得业主或者物业服务企业的同意，双方应当就占用与挖掘的具体范围、方式、时间等做出安排。

　★　**第五十一条**　**【公用事业设施维护责任】**　供水、供电、供气、供热、通信、有线电视等单位，应当依法承担物业管理区域内相关管线和设施设备维修、养护的责任。

　　前款规定的单位因维修、养护等需要，临时占用、挖掘道路、场地的，应当及时恢复原状。

　　物业管理区域内相关管线和设施设备的维修、养护责任的划分，法律法规有规定的，依照其规定；法律法规没有规定的，应当通过合同约定来确定；没有合同或者合同没有约定的，由当事人协商解决；如果供水、供电、供气、供热、通信、有线电视等供应价格已包含了物业管理区域内相关管线和设施设备的维修、养护费用的，物业管理区域内相关管线和设施设备的维修、养护责任由相应的供应单位承担。

　　因自然灾害等原因断电，供电人应当按照国家有关规定及时抢修；未及时抢修，造成用电人损失的，应当承担赔偿责任。供用水、供用气、供用热力合同，参照适用供用电合同的有关规定。

☞ **相关法条**

《民法典》第 653 条、第 656 条

★★ **第五十二条** 【关于房屋装饰装修的告知义务】业主需要装饰装修房屋的，应当事先告知物业服务企业。

　　物业服务企业应当将房屋装饰装修中的禁止行为和注意事项告知业主。

生活小案例

　　小刘在某新开发小区购买了一套商品房，准备装修入住，在到物业服务公司办理装修手续时，物业公司要求其交付10000元的装修押金。小刘觉得物业公司的要求不合理，就没有办理装修手续，随后开始装修。物业公司找上门阻止其装修，要求其先办理装修手续才能装修。问：业主在自己家里装修也要经过物业公司的同意吗？

　　答：根据《物业管理条例》第52条和《民法典》第945条的规定，业主装饰装修房屋，不仅应当在动工前告知物业服务人，而且应当遵守物业服务人提示的合理注意事项，并配合其进行必要的现场检查。这主要是因为物业服务人比较了解物业的实际情况，可以向业主提供必要的信息，并提示合理的注意事项，以免业主在装饰装修的过程中对建筑物尤其是建筑物的共有部分造成损害，造成其他业主的损失，且在损害发生时，物业服务人能够第一时间掌握相关情况并采取措施进行补救。

★　**第五十三条　【专项维修资金】**住宅物业、住宅小区内的非住宅物业或者与单幢住宅楼结构相连的非住宅物业的业主，应当按照国家有关规定交纳专项维修资金。

　　专项维修资金属于业主所有，专项用于物业保修期满后物业共用部位、共用设施设备的维修和更新、改造，不得挪作他用。

专项维修资金收取、使用、管理的办法由国务院建设行政主管部门会同国务院财政部门制定。

> **注释**
>
> 住宅专项维修资金，是指专项用于住宅共用部位、共用设施设备保修期满后的维修和更新、改造的资金。
>
> 住宅共用部位，是指根据法律、法规和房屋买卖合同，由单幢住宅内业主或者单幢住宅内业主及与之结构相连的非住宅业主共有的部位，一般包括住宅的基础、承重墙体、柱、梁、楼板、屋顶以及户外的墙面、门厅、楼梯间、走廊通道等。
>
> 共用设施设备，是指根据法律、法规和房屋买卖合同，由住宅业主或者住宅业主及有关非住宅业主共有的附属设施设备，一般包括电梯、天线、照明、消防设施、绿地、道路、路灯、沟渠、池、井、非经营性车场车库、公益性文体设施和共用设施设备使用的房屋等。

★ **第五十四条**　【对共用部位、共用设备设施经营的收益】利用物业共用部位、共用设施设备进行经营的，应当在征得相关业主、业主大会、物业服务企业的同意后，按照规定办理有关手续。业主所得收益应当主要用于补充专项维修资金，也可以按照业主大会的决定使用。

注 释

　　原则上，各业主对于物业共用部位、共用设施设备在利用有剩余且不影响物业的使用和管理的情况下，可以经营。但是，如果进行商业经营，就超出了个人有权利使用的范围。所以，利用共用部位、共用设施设备进行商业经营的，其利用决策权和收益权归全体业主享有。所谓商业利用，主要有在楼顶上设立发射塔、移动通信的基站，利用外墙发布广告，将共用部位出租，将楼顶楼道或平台让与相邻业主使用搭建等，只有全体业主有权利用或允许他人利用。但是，考虑到商业利用对相关业主的生活可能造成影响，比如妨碍了有关住户的采光、通风等，所以要征得有关住户的同意。

★★ **第五十五条　【责任人的维修养护义务】** 物业存在安全隐患，危及公共利益及他人合法权益时，责任人应当及时维修养护，有关业主应当给予配合。

　　责任人不履行维修养护义务的，经业主大会同意，可以由物业服务企业维修养护，费用由责任人承担。

小汪在 2021 年 5 月将自己在济南的房屋装修承包给当地一家装修公司，并签订了装修合同。在装修过程中，因装修工人操作问题出现漏水，造成楼下两处各 100 平方厘米左右的墙皮脱落，多次协商后，双方对赔偿款未达成一致意见。现在楼下业主要起诉小汪和物业服务企业。问：对于装修不当造成的房屋漏水，应当由责任人还是物业服务企业承担责任？

　　答：房屋漏水是由于业主在装修时的不当施工造成的，因此，该业主应当承担该损害责任，即该业主是此安全隐患的责任人，应当对其行为承担维修责任。在业主不承担维修责任的情况下，才可以请求物业服务企业进行维修，但须经过业主大会同意，由此产生的维修费用应当由责任人承担。并且，在物业服务企业进行维修的时候，责任人有配合物业服务企业维修的义务，即允许物业服务企业在其房屋内进行维修，由此而造成的地板等装修的必要损失由责任人自己承担。对于物业服务企业而言，其对业主室内装修的质量问题并不承担法律责任。

1. 物业管理区域内按照规划建设的公共建筑和共用设施，不得改变用途。（　　）

2. 因维修物业或者公共利益，业主确需临时占用、挖掘道路、场地的，只需征得物业服务企业的同意。（　　）

3. 业主依法确需改变公共建筑和共用设施用途的，应当在依法办理有关手续后（　　）物业服务企业。

   A. 告知　　　B. 告诉　　　C. 通知　　　D. 报告

4. 利用物业共用部位、共用设施设备进行经营的，应当在征得（　　）的同意后，按照规定办理有关手续。

   A. 相关业主

   B. 全体业主

   C. 业主大会

   D. 物业服务企业

5. 供水、供电、供气、供热、通信、有线电视等单位，应当依法承担物业管理区域内相关管线和设施设备____的责任。

6. 物业存在____隐患，危及公共利益及他人合法权益时，责任人应当及时____，有关业主应当给予____。

---

① 【答案】1. √。2. ×，解析：《物业管理条例》第50条。
3. A。4. ACD。5. 维修、养护。6. 安全；维修养护；配合。

第六章 法律责任

★★ 第五十六条 【建设单位违法选聘物业服务企业的责任】违反本条例的规定，住宅物业的建设单位未通过招投标的方式选聘物业服务企业或者未经批准，擅自采用协议方式选聘物业服务企业的，由县级以上地方人民政府房地产行政主管部门责令限期改正，给予警告，可以并处 10 万元以下的罚款。

> **注 释**
>
> 　　住宅物业的建设单位，应当通过招投标的方式选聘物业服务企业；投标人少于 3 个或者住宅规模较小的，经物业所在地的区、县人民政府房地产行政主管部门批准，可以采用协议方式选聘物业服务企业。

★ 第五十七条 【建设单位擅自处分共用部位的责任】违反本条例的规定，建设单位擅自处分属于业主的物业共用部位、共用设施设备的所有权或者使用权的，由县级以上地方人民政府房地产行政主管部门处 5 万元以上 20 万元以下的罚款；给业主造成损失的，依法承担赔偿责任。

"擅自处分"，是指建设单位在没有征得权利人同意的前提下，行使本应当由权利人行使的权利，包括转让、出租、抵押、赠与等各种情况，其共同特点是对财产权利的侵犯。处分既包括法律上的处分，也包括事实上的处分。法律上的处分如转让所有权、设定用益物权或担保物权、出租等；事实上的处分包括拆毁等。处分的对象是物业共用部位、共用设施设备的所有权、使用权。

第五十八条　【拒不移交资料的行政责任】 违反本条例的规定，不移交有关资料的，由县级以上地方人民政府房地产行政主管部门责令限期改正；逾期仍不移交有关资料的，对建设单位、物业服务企业予以通报，处 1 万元以上 10 万元以下的罚款。

第五十九条　【违反委托管理限制的责任】 违反本条例的规定，物业服务企业将一个物业管理区域内的全部物业管理一并委托给他人的，由县级以上地方人民政府房地产行政主管部门责令限期改正，处委托合同价款 30% 以上 50% 以下的罚款。委托所得收益，用于物业管理区域内物业共用部位、共用设施设备的维修、养护，剩余部分按照业主大会的决定使用；给业主造成损失的，依法承担赔偿责任。

★★ **第六十条** 【挪用专项维修资金的责任】违反本条例的规定，挪用专项维修资金的，由县级以上地方人民政府房地产行政主管部门追回挪用的专项维修资金，给予警告，没收违法所得，可以并处挪用数额2倍以下的罚款；构成犯罪的，依法追究直接负责的主管人员和其他直接责任人员的刑事责任。

注　释

　　警告，是对违法者予以告诫和谴责，申明其行为已经构成违法，要求其以后不再重犯，这是针对违法者声誉的一种处罚。没收违法所得，即没收通过挪用专项维修资金所得的收益。罚款，即对于违法者实施一定的财产上的制裁措施，是否给予罚款要考虑违法行为的性质、违法行为的主体等。

☞ **相关法条**

《刑法》第 272 条、第 384 条

第六十一条 【建设单位不配置物业管理用房的责任】违反本条例的规定，建设单位在物业管理区域内不按照规定配置必要的物业管理用房的，由县级以上地方人民政府房地产行政主管部门责令限期改正，给予警告，没收违法所得，并处 10 万元以上 50 万元以下的罚款。

第六十二条 　【擅自改变物业管理用房的用途的责任】违反本条例的规定，未经业主大会同意，物业服务企业擅自改变物业管理用房的用途的，由县级以上地方人民政府房地产行政主管部门责令限期改正，给予警告，并处 1 万元以上 10 万元以下的罚款；有收益的，所得收益用于物业管理区域内物业共用部位、共用设施设备的维修、养护，剩余部分按照业主大会的决定使用。

第六十三条 　【擅自行为的责任】违反本条例的规定，有下列行为之一的，由县级以上地方人民政府房地产行政主管部门责令限期改正，给予警告，并按照本条第二款的规定处以罚款；所得收益，用于物业管理区域内物业共用部位、共用设施设备的维修、养护，剩余部分按照业主大会的决定使用：

（一）擅自改变物业管理区域内按照规划建设的公共建筑和共用设施用途的；

（二）擅自占用、挖掘物业管理区域内道路、场地，损害业主共同利益的；

（三）擅自利用物业共用部位、共用设施设备进行经营的。

个人有前款规定行为之一的，处 1000 元以上 1 万元以下的罚款；单位有前款规定行为之一的，处 5 万元以上 20 万元以下的罚款。

★★ **第六十四条** 【逾期不交纳物业服务费的责任】违反物业服务合同约定，业主逾期不交纳物业服务费用的，业主委员会应当督促其限期交纳；逾期仍不交纳的，物业服务企业可以向人民法院起诉。

注 释

对于物业服务费纠纷，可以采取除诉讼外以下几种方式进行解决：（1）当事人双方协商解决。由物业服务企业和业主双方在自愿、平等、互谅互让的基础上就物业服务费进行协商，以解决双方之间的争议。（2）由物业管理协会或者其他第三方调解解决。物业服务费纠纷发生后，当事人可以在自愿的基础上请求物业管理协会进行调解，双方在物业管理协会代表的主持下解决各项争议并形成书面协议。当事人也可以请求其他中立第三方进行调解。（3）提交仲裁委员会裁决。如果当事人双方在物业服务合同中明确约定发生争议提交仲裁委员会仲裁解决，或者在发生纠纷后双方达成仲裁协议的，任何一方当事人都可以将争议事项提交约定的仲裁委员会，由仲裁委员会作出具有法律约束力的裁决。但是，我国实行"或裁或审"的原则，当事人一旦选择通过仲裁方式解决纠纷，就不得再向人民法院提起诉讼，因此在选择仲裁之前，双方当事人都应作充分考虑。

第六十五条　【业主以业主大会或者业主委员会的名义从事违法活动的责任】 业主以业主大会或者业主委员会的名义，从事违反法律、法规的活动，构成犯罪的，依法追究刑事责任；尚不构成犯罪的，依法给予治安管理处罚。

☞ **相关法条**

《刑法》第 114 条、第 115 条、第 118 条、第 119 条、第 130 条、第 139 条、第 191 条、第 275 条、第 277 条

《治安管理处罚法》第 23 条

★★ **第六十六条　【公务人员违法行为的责任】** 违反本条例的规定，国务院建设行政主管部门、县级以上地方人民政府房地产行政主管部门或者其他有关行政管理部门的工作人员利用职务上的便利，收受他人财物或者其他好处，不依法履行监督管理职责，或者发现违法行为不予查处，构成犯罪的，依法追究刑事责任；尚不构成犯罪的，依法给予行政处分。

鸿程小区的开发商和物业公司未按有关规定向业主委员会移交物业管理资料，且物业公司无资质进行物业管理活动，该小区业主先后向该小区所在地的区房管局进行投诉，要求该区房管局对上述问题进行调查处理。但是该区房管局的工作人员收了开发商和物业公司的礼物（价值约500元），所以一直未予答复。问：该区房管局对于其行政不作为行为是否应当承担责任？

　　答：县级以上地方人民政府房地产行政主管部门的职责之一就是要及时处理业主、业主委员会、物业使用人和物业服务企业在物业管理活动中的投诉。根据《物业管理条例》第58条的规定，该区房管局对业主投诉的鸿程小区的开发商和物业公司未按有关规定向业主委员会移交物业管理资料的问题，既有调查处理权，也有行政处罚权。然而，该区房管局在接到投诉后，置之不理。其既没有对开发商和物业公司是否按物业管理的相关规定移交资料进行调查处理，也没有对开发商和物业公司给予行政处罚，作出明确的认定和处理结果，并将查处结果及时告知投诉人，因此，根据《物业管理条例》第66条的规定，该区房管局的工作人员属于不依法履行监督管理职责，其行为尚不构成犯罪，应依法给予行政处分。

☞ 相关法条

《刑法》第 397 条

▶▶小测试◀◀①

1. 违反本条例的规定，建设单位擅自处分属于业主的物业共用部位、共用设施设备的所有权或者使用权的，由县级以上地方人民政府房地产行政主管部门处 5 万元以上 20 万元以下的罚款。（　　）

2. 违反本条例的规定，挪用专项维修资金的，由县级以上地方人民政府房地产行政主管部门追回挪用的专项维修资金，给予警告，没收违法所得，可以并处挪用数额 3 倍以下的罚款。（　　）

3. 违反本条例的规定，建设单位在物业管理区域内不按照规定配置必要的物业管理用房的，由县级以上地方人民政府房地产行政主管部门责令限期改正，给予警告，没收违法所得，并处 10 万元以上 50 万元以下的罚款。（　　）

4. 违反本条例的规定，不移交有关资料的，由县级以上地方人民政府房地产行政主管部门责令限期改正；逾期仍不移交有关资料的，对建设单位、物业服务企业予以通报，处（　　）的罚款。

　A. 1 万元以上 10 万元以下

---

① 【答案】1. √。2. ×，解析：《物业管理条例》第 60 条。3. √。4. A。5. 30% 以上 50% 以下。6. 逾期；督促。

B. 1 万元以上 5 万元以下

C. 2 万元以上 10 万元以下

D. 2 万元以上 5 万元以下

5. 违反本条例的规定，物业服务企业将一个物业管理区域内的全部物业管理一并委托给他人的，由县级以上地方人民政府房地产行政主管部门责令限期改正，处委托合同价款____的罚款。

6. 违反物业服务合同约定，业主____不交纳物业服务费用的，业主委员会应当____其限期交纳。

第七章 附　则

第六十七条　【施行时间】本条例自 2003 年 9 月 1 日起施行。

中华人民共和国民法典（节录）

（2020 年 5 月 28 日第十三届全国人民代表大会第三次会议通过　2020 年 5 月 28 日中华人民共和国主席令第 45 号公布　自 2021 年 1 月 1 日起施行）

……

第六章　业主的建筑物区分所有权

第二百七十一条　【业主的建筑物区分所有权】业主对建筑物内的住宅、经营性用房等专有部分享有所有权，对专有部分以外的共有部分享有共有和共同管理的权利。

★ **第二百七十二条　【业主对专有部分的专有权】**业主对其建筑物专有部分享有占有、使用、收益和处分的权利。业主行使权利不得危及建筑物的安全，不得损害其他业主的合法权益。

★★ 第二百七十三条　【业主对共有部分的共有权及义务】业主对建筑物专有部分以外的共有部分，享有权利，承担义务；不得以放弃权利为由不履行义务。

业主转让建筑物内的住宅、经营性用房，其对共有部分享有的共有和共同管理的权利一并转让。

★ 第二百七十四条　【建筑区划内的道路、绿地等场所和设施属于业主共有财产】建筑区划内的道路，属于业主共有，但是属于城镇公共道路的除外。建筑区划内的绿地，属于业主共有，但是属于城镇公共绿地或者明示属于个人的除外。建筑区划内的其他公共场所、公用设施和物业服务用房，属于业主共有。

★★ 第二百七十五条　【建筑区划内车位、车库的归属规则】建筑区划内，规划用于停放汽车的车位、车库的归属，由当事人通过出售、附赠或者出租等方式约定。

占用业主共有的道路或者其他场地用于停放汽车的车位，属于业主共有。

★★ 第二百七十六条　【建筑区划内车位、车库优先满足业主需求】建筑区划内，规划用于停放汽车的车位、车库应当首先满足业主的需要。

第二百七十七条 【业主大会和业主委员会的设立】业主可以设立业主大会，选举业主委员会。业主大会、业主委员会成立的具体条件和程序，依照法律、法规的规定。

地方人民政府有关部门、居民委员会应当对设立业主大会和选举业主委员会给予指导和协助。

★ 第二百七十八条 【由业主共同决定的事项以及表决规则】下列事项由业主共同决定：

（一）制定和修改业主大会议事规则；

（二）制定和修改管理规约；

（三）选举业主委员会或者更换业主委员会成员；

（四）选聘和解聘物业服务企业或者其他管理人；

（五）使用建筑物及其附属设施的维修资金；

（六）筹集建筑物及其附属设施的维修资金；

（七）改建、重建建筑物及其附属设施；

（八）改变共有部分的用途或者利用共有部分从事经营活动；

（九）有关共有和共同管理权利的其他重大事项。

业主共同决定事项，应当由专有部分面积占比三分之二以上的业主且人数占比三分之二以上的业主参与表决。决定前款第六项至第八项规定的事项，应当经参与表决专有部分面积四分之三以上的业主且参与表决人数四分之三以上的业主同意。决定前款其他事项，应当经参与表决专有部分面积过半数的业主且参与表决人数过半数的业主同意。

★★ 第二百七十九条　【业主将住宅转变为经营性用房应当遵循的规则】 业主不得违反法律、法规以及管理规约，将住宅改变为经营性用房。业主将住宅改变为经营性用房的，除遵守法律、法规以及管理规约外，应当经有利害关系的业主一致同意。

第二百八十条　【业主大会或者业主委员会决定的效力与业主撤销权】 业主大会或者业主委员会的决定，对业主具有法律约束力。

业主大会或者业主委员会作出的决定侵害业主合法权益的，受侵害的业主可以请求人民法院予以撤销。

第二百八十一条　【建筑物及其附属设施的维修资金的所有权和筹集、使用规则】 建筑物及其附属设施的维修资金，属于业主共有。经业主共同决定，可以用于电梯、屋顶、外墙、无障碍设施等共有部分的维修、更新和改造。建筑物及其附属设施的维修资金的筹集、使用情况应当定期公布。

物业管理条例：大字学习版

紧急情况下需要维修建筑物及其附属设施的，业主大会或者业主委员会可以依法申请使用建筑物及其附属设施的维修资金。

第二百八十二条 【业主共有部分产生收入的归属】建设单位、物业服务企业或者其他管理人等利用业主的共有部分产生的收入，在扣除合理成本之后，属于业主共有。

第二百八十三条 【建筑物及其附属设施的费用分摊和收益分配确定规则】建筑物及其附属设施的费用分摊、收益分配等事项，有约定的，按照约定；没有约定或者约定不明确的，按照业主专有部分面积所占比例确定。

第二百八十四条 【业主对建筑物及其附属设施的管理权及行使规则】业主可以自行管理建筑物及其附属设施，也可以委托物业服务企业或者其他管理人管理。

对建设单位聘请的物业服务企业或者其他管理人，业主有权依法更换。

第二百八十五条 【物业服务企业或其他接受业主委托的管理人的管理义务】物业服务企业或者其他管理人根据业主的委托，依照本法第三编有关物业服务合同的规定管理建筑区划内的建筑物及其附属设施，接受业主的监督，并及时答复业主对物业服务情况提出的询问。

物业服务企业或者其他管理人应当执行政府依法实施的应急处置措施和其他管理措施，积极配合开展相关工作。

第二百八十六条　【业主守法义务和业主大会与业主委员会职责】业主应当遵守法律、法规以及管理规约，相关行为应当符合节约资源、保护生态环境的要求。对于物业服务企业或者其他管理人执行政府依法实施的应急处置措施和其他管理措施，业主应当依法予以配合。

业主大会或者业主委员会，对任意弃置垃圾、排放污染物或者噪声、违反规定饲养动物、违章搭建、侵占通道、拒付物业费等损害他人合法权益的行为，有权依照法律、法规以及管理规约，请求行为人停止侵害、排除妨碍、消除危险、恢复原状、赔偿损失。

业主或者其他行为人拒不履行相关义务的，有关当事人可以向有关行政主管部门报告或者投诉，有关行政主管部门应当依法处理。

第二百八十七条　【业主请求权】业主对建设单

位、物业服务企业或者其他管理人以及其他业主侵害自己合法权益的行为，有权请求其承担民事责任。

......

第二十四章　物业服务合同

第九百三十七条　【物业服务合同的定义】 物业服务合同是物业服务人在物业服务区域内，为业主提供建筑物及其附属设施的维修养护、环境卫生和相关秩序的管理维护等物业服务，业主支付物业费的合同。

物业服务人包括物业服务企业和其他管理人。

★ **第九百三十八条　【物业服务合同的内容与形式】** 物业服务合同的内容一般包括服务事项、服务质量、服务费用的标准和收取办法、维修资金的使用、服务用房的管理和使用、服务期限、服务交接等条款。

物业服务人公开作出的有利于业主的服务承诺，为物业服务合同的组成部分。

物业服务合同应当采用书面形式。

第九百三十九条　【物业服务合同的约束力】 建设单位依法与物业服务人订立的前期物业服务合同，

以及业主委员会与业主大会依法选聘的物业服务人订立的物业服务合同，对业主具有法律约束力。

★ **第九百四十条** 【前期物业服务合同的终止情形】建设单位依法与物业服务人订立的前期物业服务合同约定的服务期限届满前，业主委员会或者业主与新物业服务人订立的物业服务合同生效的，前期物业服务合同终止。

★ **第九百四十一条** 【物业服务合同的转委托】物业服务人将物业服务区域内的部分专项服务事项委托给专业性服务组织或者其他第三人的，应当就该部分专项服务事项向业主负责。

物业服务人不得将其应当提供的全部物业服务转委托给第三人，或者将全部物业服务支解后分别转委托给第三人。

第九百四十二条 【物业服务人的义务】物业服务人应当按照约定和物业的使用性质，妥善维修、养护、清洁、绿化和经营管理物业服务区域内的业主共有部分，维护物业服务区域内的基本秩序，采取合理措施保护业主的人身、财产安全。

对物业服务区域内违反有关治安、环保、消防等法律法规的行为，物业服务人应当及时采取合理措施制止、向有关行政主管部门报告并协助处理。

第九百四十三条 【物业服务人的报告义务】物业服务人应当定期将服务的事项、负责人员、质量要求、收费项目、收费标准、履行情况，以及维修资金使用情况、业主共有部分的经营与收益情况等以合理方式向业主公开并向业主大会、业主委员会报告。

★ 第九百四十四条 【物业服务人的报酬请求权】业主应当按照约定向物业服务人支付物业费。物业服务人已经按照约定和有关规定提供服务的，业主不得以未接受或者无需接受相关物业服务为由拒绝支付物业费。

业主违反约定逾期不支付物业费的，物业服务人可以催告其在合理期限内支付；合理期限届满仍不支付的，物业服务人可以提起诉讼或者申请仲裁。

物业服务人不得采取停止供电、供水、供热、供燃气等方式催交物业费。

第九百四十五条 【业主的事先告知义务】业主装饰装修房屋的，应当事先告知物业服务人，遵守物业服务人提示的合理注意事项，并配合其进行必要的现场检查。

业主转让、出租物业专有部分、设立居住权或者依法改变共有部分用途的，应当及时将相关情况告知物业服务人。

第九百四十六条 【业主解聘物业服务人】业主依照法定程序共同决定解聘物业服务人的，可以解除物业服务合同。决定解聘的，应当提前六十日书面通知物业服务人，但是合同对通知期限另有约定的除外。

依据前款规定解除合同造成物业服务人损失的，除不可归责于业主的事由外，业主应当赔偿损失。

★ 第九百四十七条 【物业服务人的续聘】物业服务期限届满前，业主依法共同决定续聘的，应当与原物业服务人在合同期限届满前续订物业服务合同。

物业服务期限届满前，物业服务人不同意续聘的，应当在合同期限届满前九十日书面通知业主或者业主委员会，但是合同对通知期限另有约定的除外。

★ 第九百四十八条 【不定期物业服务合同的成立与解除】物业服务期限届满后，业主没有依法作出续聘或者另聘物业服务人的决定，物业服务人继续提供物业服务的，原物业服务合同继续有效，但是服务期限为不定期。

当事人可以随时解除不定期物业服务合同，但是应当提前六十日书面通知对方。

第九百四十九条 【物业服务合同终止后原物业服务人的义务】 物业服务合同终止的，原物业服务人应当在约定期限或者合理期限内退出物业服务区域，将物业服务用房、相关设施、物业服务所必需的相关资料等交还给业主委员会、决定自行管理的业主或者其指定的人，配合新物业服务人做好交接工作，并如实告知物业的使用和管理状况。

原物业服务人违反前款规定的，不得请求业主支付物业服务合同终止后的物业费；造成业主损失的，应当赔偿损失。

第九百五十条 【物业服务合同终止后新合同成立前期间的相关事项】 物业服务合同终止后，在业主或者业主大会选聘的新物业服务人或者决定自行管理的业主接管之前，原物业服务人应当继续处理物业服务事项，并可以请求业主支付该期间的物业费。

……

最高人民法院关于审理建筑物区分所有权纠纷案件适用法律若干问题的解释

(2009 年 3 月 23 日最高人民法院审判委员会第 1464 次会议通过 根据 2020 年 12 月 23 日最高人民法院审判委员会第 1823 次会议通过的《最高人民法院关于修改〈最高人民法院关于在民事审判工作中适用《中华人民共和国工会法》若干问题的解释〉等二十七件民事类司法解释的决定》修正 2020 年 12 月 29 日最高人民法院公告公布 自 2021 年 1 月 1 日起施行 法释〔2020〕17 号)

为正确审理建筑物区分所有权纠纷案件,依法保护当事人的合法权益,根据《中华人民共和国民法典》等法律的规定,结合民事审判实践,制定本解释。

第一条　【业主】依法登记取得或者依据民法典第二百二十九条至第二百三十一条规定取得建筑物专有部分所有权的人，应当认定为民法典第二编第六章所称的业主。

基于与建设单位之间的商品房买卖民事法律行为，已经合法占有建筑物专有部分，但尚未依法办理所有权登记的人，可以认定为民法典第二编第六章所称的业主。

★　第二条　【专有部分】建筑区划内符合下列条件的房屋，以及车位、摊位等特定空间，应当认定为民法典第二编第六章所称的专有部分：

（一）具有构造上的独立性，能够明确区分；

（二）具有利用上的独立性，可以排他使用；

（三）能够登记成为特定业主所有权的客体。

规划上专属于特定房屋，且建设单位销售时已经根据规划列入该特定房屋买卖合同中的露台等，应当认定为前款所称的专有部分的组成部分。

本条第一款所称房屋，包括整栋建筑物。

★　第三条　【共有部分】除法律、行政法规规定的共有部分外，建筑区划内的以下部分，也应当认定为民法典第二编第六章所称的共有部分：

（一）建筑物的基础、承重结构、外墙、屋顶等基本结构部分，通道、楼梯、大堂等公共通行部分，消防、公共照明等附属设施、设备，避难层、设备层或者设备间等结构部分；

（二）其他不属于业主专有部分，也不属于市政公用部分或者其他权利人所有的场所及设施等。

建筑区划内的土地，依法由业主共同享有建设用地使用权，但属于业主专有的整栋建筑物的规划占地或者城镇公共道路、绿地占地除外。

第四条　【业主可合理利用共有部分】业主基于对住宅、经营性用房等专有部分特定使用功能的合理需要，无偿利用屋顶以及与其专有部分相对应的外墙面等共有部分的，不应认定为侵权。但违反法律、法规、管理规约，损害他人合法权益的除外。

★ **第五条　【"应当首先满足业主的需要"的认定】**建设单位按照配置比例将车位、车库，以出售、附赠或者出租等方式处分给业主的，应当认定其行为符合民法典第二百七十六条有关"应当首先满足业主的需要"的规定。

前款所称配置比例是指规划确定的建筑区划内规划用于停放汽车的车位、车库与房屋套数的比例。

第六条 【车位】建筑区划内在规划用于停放汽车的车位之外，占用业主共有道路或者其他场地增设的车位，应当认定为民法典第二百七十五条第二款所称的车位。

第七条 【有关共有和共同管理权利的其他重大事项】处分共有部分，以及业主大会依法决定或者管理规约依法确定应由业主共同决定的事项，应当认定为民法典第二百七十八条第一款第（九）项规定的有关共有和共同管理权利的"其他重大事项"。

★ 第八条 【专有部分面积的认定】民法典第二百七十八条第二款和第二百八十三条规定的专有部分面积可以按照不动产登记簿记载的面积计算；尚未进行物权登记的，暂按测绘机构的实测面积计算；尚未进行实测的，暂按房屋买卖合同记载的面积计算。

★ 第九条 【业主人数的认定】民法典第二百七十八条第二款规定的业主人数可以按照专有部分的数量计算，一个专有部分按一人计算。但建设单位尚未出售和虽已出售但尚未交付的部分，以及同一买受人拥有一个以上专有部分的，按一人计算。

★ 第十条 【住宅改为经营性用房的侵权责任】业主将住宅改变为经营性用房，未依据民法典第二百七十九条的规定经有利害关系的业主一致同意，有利害关系的业主请求排除妨害、消除危险、恢复原状或者赔偿损失的，人民法院应予支持。

将住宅改变为经营性用房的业主以多数有利害关系的业主同意其行为进行抗辩的，人民法院不予支持。

第十一条 【"有利害关系的业主"的认定】业主将住宅改变为经营性用房，本栋建筑物内的其他业主，应当认定为民法典第二百七十九条所称"有利害关系的业主"。建筑区划内，本栋建筑物之外的业主，主张与自己有利害关系的，应证明其房屋价值、生活质量受到或者可能受到不利影响。

★ **第十二条** 【撤销权行使期限】业主以业主大会或者业主委员会作出的决定侵害其合法权益或者违反了法律规定的程序为由，依据民法典第二百八十条第二款的规定请求人民法院撤销该决定的，应当在知道或者应当知道业主大会或者业主委员会作出决定之日起一年内行使。

第十三条 【应当向业主公开的情况和资料】业主请求公布、查阅下列应当向业主公开的情况和资料的，人民法院应予支持：

（一）建筑物及其附属设施的维修资金的筹集、使用情况；

（二）管理规约、业主大会议事规则，以及业主大会或者业主委员会的决定及会议记录；

（三）物业服务合同、共有部分的使用和收益情况；

（四）建筑区划内规划用于停放汽车的车位、车库的处分情况；

（五）其他应当向业主公开的情况和资料。

第十四条　【擅自进行经营性活动】建设单位、物业服务企业或者其他管理人等擅自占用、处分业主共有部分、改变其使用功能或者进行经营性活动，权利人请求排除妨害、恢复原状、确认处分行为无效或者赔偿损失的，人民法院应予支持。

属于前款所称擅自进行经营性活动的情形，权利人请求建设单位、物业服务企业或者其他管理人等将扣除合理成本之后的收益用于补充专项维修资金或者业主共同决定的其他用途的，人民法院应予支持。行为人对成本的支出及其合理性承担举证责任。

★ 第十五条　【"损害他人合法权益的行为"的认定】业主或者其他行为人违反法律、法规、国家相关强制性标准、管理规约，或者违反业主大会、业主委员会依法作出的决定，实施下列行为的，可以认定为民法典第二百八十六条第二款所称的其他"损害他人合法权益的行为"：

（一）损害房屋承重结构，损害或者违章使用电力、燃气、消防设施，在建筑物内放置危险、放射性物品等危及建筑物安全或者妨碍建筑物正常使用；

（二）违反规定破坏、改变建筑物外墙面的形状、颜色等损害建筑物外观；

（三）违反规定进行房屋装饰装修；

（四）违章加建、改建，侵占、挖掘公共通道、道路、场地或者其他共有部分。

第十六条　【物业使用人参照适用本解释】 建筑物区分所有权纠纷涉及专有部分的承租人、借用人等物业使用人的，参照本解释处理。

专有部分的承租人、借用人等物业使用人，根据法律、法规、管理规约、业主大会或者业主委员会依法作出的决定，以及其与业主的约定，享有相应权利，承担相应义务。

第十七条　【建设单位】 本解释所称建设单位，包括包销期满，按照包销合同约定的包销价格购买尚未销售的物业后，以自己名义对外销售的包销人。

第十八条 【法律依据】人民法院审理建筑物区分所有权案件中，涉及有关物权归属争议的，应当以法律、行政法规为依据。

第十九条 【施行日期】本解释自 2009 年 10 月 1 日起施行。

因物权法施行后实施的行为引起的建筑物区分所有权纠纷案件，适用本解释。

本解释施行前已经终审，本解释施行后当事人申请再审或者按照审判监督程序决定再审的案件，不适用本解释。

最高人民法院关于审理物业服务纠纷案件适用法律若干问题的解释

（2009 年 4 月 20 日最高人民法院审判委员会第 1466 次会议通过　根据 2020 年 12 月 23 日最高人民法院审判委员会第 1823 次会议通过的《最高人民法院关于修改〈最高人民法院关于在民事审判工作中适用《中华人民共和国工会法》若干问题的解释〉等二十七件民事类司法解释的决定》修正　2020 年 12 月 29 日最高人民法院公告公布　自 2021 年 1 月 1 日起施行　法释〔2020〕17 号）

为正确审理物业服务纠纷案件，依法保护当事人的合法权益，根据《中华人民共和国民法典》等法律规定，结合民事审判实践，制定本解释。

第一条　【妨碍物业服务与管理的责任】业主违反物业服务合同或者法律、法规、管理规约，实施妨碍物业服务与管理的行为，物业服务人请求业主承担停止侵害、排除妨碍、恢复原状等相应民事责任的，人民法院应予支持。

第二条 【违约或违规收费的处理】物业服务人违反物业服务合同约定或者法律、法规、部门规章规定，擅自扩大收费范围、提高收费标准或者重复收费，业主以违规收费为由提出抗辩的，人民法院应予支持。

业主请求物业服务人退还其已经收取的违规费用的，人民法院应予支持。

第三条 【物业费的退还】物业服务合同的权利义务终止后，业主请求物业服务人退还已经预收，但尚未提供物业服务期间的物业费的，人民法院应予支持。

第四条 【物业使用人参照适用】因物业的承租人、借用人或者其他物业使用人实施违反物业服务合同，以及法律、法规或者管理规约的行为引起的物业服务纠纷，人民法院可以参照关于业主的规定处理。

第五条 【施行日期】本解释自 2009 年 10 月 1 日起施行。

本解释施行前已经终审，本解释施行后当事人申请再审或者按照审判监督程序决定再审的案件，不适用本解释。

业主大会和业主委员会指导规则

（2009 年 12 月 1 日　建房〔2009〕274 号）

第一章　总　　则

第一条　为了规范业主大会和业主委员会的活动，维护业主的合法权益，根据《中华人民共和国物权法》①、《物业管理条例》等法律法规的规定，制定本规则。

第二条　业主大会由物业管理区域内的全体业主组成，代表和维护物业管理区域内全体业主在物业管理活动中的合法权利，履行相应的义务。

第三条　业主委员会由业主大会依法选举产生，履行业主大会赋予的职责，执行业主大会决定的事项，接受业主的监督。

★ **第四条**　业主大会或者业主委员会的决定，对业主具有约束力。

---

① 现已失效，相关内容参见《民法典》物权编。

物业管理条例·大字学习版

业主大会和业主委员会应当依法履行职责，不得作出与物业管理无关的决定，不得从事与物业管理无关的活动。

★ **第五条** 业主大会和业主委员会，对业主损害他人合法权益和业主共同利益的行为，有权依照法律、法规以及管理规约，要求停止侵害、消除危险、排除妨害、赔偿损失。

第六条 物业所在地的区、县房地产行政主管部门和街道办事处、乡镇人民政府负责对设立业主大会和选举业主委员会给予指导和协助，负责对业主大会和业主委员会的日常活动进行指导和监督。

第二章 业 主 大 会

★★ **第七条** 业主大会根据物业管理区域的划分成立，一个物业管理区域成立一个业主大会。

只有一个业主的，或者业主人数较少且经全体业主同意，不成立业主大会的，由业主共同履行业主大会、业主委员会职责。

第八条 物业管理区域内，已交付的专有部分面积超过建筑物总面积50%时，建设单位应当按照物业所在地的区、县房地产行政主管部门或者街道办事处、乡镇人民政府的要求，及时报送下列筹备首次业主大会会议所需的文件资料：

（一）物业管理区域证明；

（二）房屋及建筑物面积清册；

（三）业主名册；

（四）建筑规划总平面图；

（五）交付使用共用设施设备的证明；

（六）物业服务用房配置证明；

（七）其他有关的文件资料。

第九条 符合成立业主大会条件的，区、县房地产行政主管部门或者街道办事处、乡镇人民政府应当在收到业主提出筹备业主大会书面申请后 60 日内，负责组织、指导成立首次业主大会会议筹备组。

★ **第十条** 首次业主大会会议筹备组由业主代表、建设单位代表、街道办事处、乡镇人民政府代表和居民委员会代表组成。筹备组成员人数应为单数，其中业主代表人数不低于筹备组总人数的一半，筹备组组长由街道办事处、乡镇人民政府代表担任。

第十一条 筹备组中业主代表的产生，由街道办事处、乡镇人民政府或者居民委员会组织业主推荐。

筹备组应当将成员名单以书面形式在物业管理区域内公告。业主对筹备组成员有异议的，由街道办事处、乡镇人民政府协调解决。

建设单位和物业服务企业应当配合协助筹备组开展工作。

第十二条　筹备组应当做好以下筹备工作：

（一）确认并公示业主身份、业主人数以及所拥有的专有部分面积；

（二）确定首次业主大会会议召开的时间、地点、形式和内容；

（三）草拟管理规约、业主大会议事规则；

（四）依法确定首次业主大会会议表决规则；

（五）制定业主委员会委员候选人产生办法，确定业主委员会委员候选人名单；

（六）制定业主委员会选举办法；

（七）完成召开首次业主大会会议的其他准备工作。

前款内容应当在首次业主大会会议召开 15 日前以书面形式在物业管理区域内公告。业主对公告内容有异议的，筹备组应当记录并作出答复。

第十三条　依法登记取得或者根据物权法第二章

第三节规定取得建筑物专有部分所有权的人，应当认定为业主。

基于房屋买卖等民事法律行为，已经合法占有建筑物专有部分，但尚未依法办理所有权登记的人，可以认定为业主。

业主的投票权数由专有部分面积和业主人数确定。

★ **第十四条** 业主委员会委员候选人由业主推荐或者自荐。筹备组应当核查参选人的资格，根据物业规模、物权份额、委员的代表性和广泛性等因素，确定业主委员会委员候选人名单。

★ **第十五条** 筹备组应当自组成之日起90日内完成筹备工作，组织召开首次业主大会会议。

业主大会自首次业主大会会议表决通过管理规约、业主大会议事规则，并选举产生业主委员会之日起成立。

第十六条 划分为一个物业管理区域的分期开发的建设项目，先期开发部分符合条件的，可以成立业主大会，选举产生业主委员会。首次业主大会会议应当根据分期开发的物业面积和进度等因素，在业主大会议事规则中明确增补业主委员会委员的办法。

★★ **第十七条** 业主大会决定以下事项：

（一）制定和修改业主大会议事规则；

（二）制定和修改管理规约；

（三）选举业主委员会或者更换业主委员会委员；

（四）制定物业服务内容、标准以及物业服务收费方案；

（五）选聘和解聘物业服务企业；

（六）筹集和使用专项维修资金；

（七）改建、重建建筑物及其附属设施；

（八）改变共有部分的用途；

（九）利用共有部分进行经营以及所得收益的分配与使用；

（十）法律法规或者管理规约确定应由业主共同决定的事项。

★ **第十八条** 管理规约应当对下列主要事项作出规定：

（一）物业的使用、维护、管理；

（二）专项维修资金的筹集、管理和使用；

（三）物业共用部分的经营与收益分配；

（四）业主共同利益的维护；

（五）业主共同管理权的行使；

（六）业主应尽的义务；

（七）违反管理规约应当承担的责任。

★ **第十九条** 业主大会议事规则应当对下列主要事项作出规定：

（一）业主大会名称及相应的物业管理区域；

（二）业主委员会的职责；

（三）业主委员会议事规则；

（四）业主大会会议召开的形式、时间和议事方式；

（五）业主投票权数的确定方法；

（六）业主代表的产生方式；

（七）业主大会会议的表决程序；

（八）业主委员会委员的资格、人数和任期等；

（九）业主委员会换届程序、补选办法等；

（十）业主大会、业主委员会工作经费的筹集、使用和管理；

（十一）业主大会、业主委员会印章的使用和管理。

★ **第二十条** 业主拒付物业服务费，不缴存专项维修资金以及实施其他损害业主共同权益行为的，业主大会可以在管理规约和业主大会议事规则中对其共同管理权的行使予以限制。

✦✦ 第二十一条 业主大会会议分为定期会议和临时会议。

业主大会定期会议应当按照业主大会议事规则的规定由业主委员会组织召开。

有下列情况之一的，业主委员会应当及时组织召开业主大会临时会议：

（一）经专有部分占建筑物总面积 20% 以上且占总人数 20% 以上业主提议的；

（二）发生重大事故或者紧急事件需要及时处理的；

（三）业主大会议事规则或者管理规约规定的其他情况。

✦ 第二十二条 业主大会会议可以采用集体讨论的形式，也可以采用书面征求意见的形式；但应当有物业管理区域内专有部分占建筑物总面积过半数的业主且占总人数过半数的业主参加。

采用书面征求意见形式的，应当将征求意见书送交每一位业主；无法送达的，应当在物业管理区域内公告。凡需投票表决的，表决意见应由业主本人签名。

第二十三条　业主大会确定业主投票权数，可以按照下列方法认定专有部分面积和建筑物总面积：

（一）专有部分面积按照不动产登记簿记载的面积计算；尚未进行登记的，暂按测绘机构的实测面积计算；尚未进行实测的，暂按房屋买卖合同记载的面积计算；

（二）建筑物总面积，按照前项的统计总和计算。

★★ 第二十四条　业主大会确定业主投票权数，可以按照下列方法认定业主人数和总人数：

（一）业主人数，按照专有部分的数量计算，一个专有部分按一人计算。但建设单位尚未出售和虽已出售但尚未交付的部分，以及同一买受人拥有一个以上专有部分的，按一人计算；

（二）总人数，按照前项的统计总和计算。

★ 第二十五条　业主大会应当在业主大会议事规则中约定车位、摊位等特定空间是否计入用于确定业主投票权数的专有部分面积。

一个专有部分有两个以上所有权人的，应当推选一人行使表决权，但共有人所代表的业主人数为一人。

业主为无民事行为能力人或者限制民事行为能力

人的，由其法定监护人行使投票权。

第二十六条 业主因故不能参加业主大会会议的，可以书面委托代理人参加业主大会会议。

未参与表决的业主，其投票权数是否可以计入已表决的多数票，由管理规约或者业主大会议事规则规定。

第二十七条 物业管理区域内业主人数较多的，可以幢、单元、楼层为单位，推选一名业主代表参加业主大会会议，推选及表决办法应当在业主大会议事规则中规定。

第二十八条 业主可以书面委托的形式，约定由其推选的业主代表在一定期限内代其行使共同管理权，具体委托内容、期限、权限和程序由业主大会议事规则规定。

第二十九条 业主大会会议决定筹集和使用专项维修资金以及改造、重建建筑物及其附属设施的，应当经专有部分占建筑物总面积三分之二以上的业主且占总人数三分之二以上的业主同意；决定本规则第十七条规定的其他共有和共同管理权利事项的，应当经专有部分占建筑物总面积过半数且占总人数过半数的业主同意。

第三十条 业主大会会议应当由业主委员会作出书面记录并存档。

业主大会的决定应当以书面形式在物业管理区域内及时公告。

第三章 业主委员会

** **第三十一条** 业主委员会由业主大会会议选举产生，由5至11人单数组成。业主委员会委员应当是物业管理区域内的业主，并符合下列条件：

（一）具有完全民事行为能力；

（二）遵守国家有关法律、法规；

（三）遵守业主大会议事规则、管理规约，模范履行业主义务；

（四）热心公益事业，责任心强，公正廉洁；

（五）具有一定的组织能力；

（六）具备必要的工作时间。

★ **第三十二条** 业主委员会委员实行任期制，每届任期不超过5年，可连选连任，业主委员会委员具有同等表决权。

业主委员会应当自选举之日起7日内召开首次会

议，推选业主委员会主任和副主任。

第三十三条　业主委员会应当自选举产生之日起30日内，持下列文件向物业所在地的区、县房地产行政主管部门和街道办事处、乡镇人民政府办理备案手续：

（一）业主大会成立和业主委员会选举的情况；

（二）管理规约；

（三）业主大会议事规则；

（四）业主大会决定的其他重大事项。

第三十四条　业主委员会办理备案手续后，可持备案证明向公安机关申请刻制业主大会印章和业主委员会印章。

业主委员会任期内，备案内容发生变更的，业主委员会应当自变更之日起30日内将变更内容书面报告备案部门。

★★第三十五条　业主委员会履行以下职责：

（一）执行业主大会的决定和决议；

（二）召集业主大会会议，报告物业管理实施情况；

（三）与业主大会选聘的物业服务企业签订物业服务合同；

（四）及时了解业主、物业使用人的意见和建议，监督和协助物业服务企业履行物业服务合同；

（五）监督管理规约的实施；

（六）督促业主交纳物业服务费及其他相关费用；

（七）组织和监督专项维修资金的筹集和使用；

（八）调解业主之间因物业使用、维护和管理产生的纠纷；

（九）业主大会赋予的其他职责。

★ **第三十六条** 业主委员会应当向业主公布下列情况和资料：

（一）管理规约、业主大会议事规则；

（二）业主大会和业主委员会的决定；

（三）物业服务合同；

（四）专项维修资金的筹集、使用情况；

（五）物业共有部分的使用和收益情况；

（六）占用业主共有的道路或者其他场地用于停放汽车车位的处分情况；

（七）业主大会和业主委员会工作经费的收支情况；

（八）其他应当向业主公开的情况和资料。

第三十七条 业主委员会应当按照业主大会议事

规则的规定及业主大会的决定召开会议。经三分之一以上业主委员会委员的提议，应当在 7 日内召开业主委员会会议。

第三十八条 业主委员会会议由主任召集和主持，主任因故不能履行职责，可以委托副主任召集。

业主委员会会议应有过半数的委员出席，作出的决定必须经全体委员半数以上同意。

业主委员会委员不能委托代理人参加会议。

第三十九条 业主委员会应当于会议召开 7 日前，在物业管理区域内公告业主委员会会议的内容和议程，听取业主的意见和建议。

业主委员会会议应当制作书面记录并存档，业主委员会会议作出的决定，应当有参会委员的签字确认，并自作出决定之日起 3 日内在物业管理区域内公告。

第四十条 业主委员会应当建立工作档案，工作档案包括以下主要内容：

（一）业主大会、业主委员会的会议记录；

（二）业主大会、业主委员会的决定；

（三）业主大会议事规则、管理规约和物业服务合同；

（四）业主委员会选举及备案资料；

（五）专项维修资金筹集及使用账目；

（六）业主及业主代表的名册；

（七）业主的意见和建议。

第四十一条 业主委员会应当建立印章管理规定，并指定专人保管印章。

使用业主大会印章，应当根据业主大会议事规则的规定或者业主大会会议的决定；使用业主委员会印章，应当根据业主委员会会议的决定。

★ **第四十二条** 业主大会、业主委员会工作经费由全体业主承担。工作经费可以由业主分摊，也可以从物业共有部分经营所得收益中列支。工作经费的收支情况，应当定期在物业管理区域内公告，接受业主监督。

工作经费筹集、管理和使用的具体办法由业主大会决定。

★★ **第四十三条** 有下列情况之一的，业主委员会委员资格自行终止：

（一）因物业转让、灭失等原因不再是业主的；

（二）丧失民事行为能力的；

（三）依法被限制人身自由的；

（四）法律、法规以及管理规约规定的其他情形。

★★ **第四十四条** 业主委员会委员有下列情况之一的，由业主委员会三分之一以上委员或者持有20%以上投票权数的业主提议，业主大会或者业主委员会根据业主大会的授权，可以决定是否终止其委员资格：

（一）以书面方式提出辞职请求的；

（二）不履行委员职责的；

（三）利用委员资格谋取私利的；

（四）拒不履行业主义务的；

（五）侵害他人合法权益的；

（六）因其他原因不宜担任业主委员会委员的。

第四十五条 业主委员会委员资格终止的，应当自终止之日起3日内将其保管的档案资料、印章及其他属于全体业主所有的财物移交业主委员会。

第四十六条 业主委员会任期内，委员出现空缺时，应当及时补足。业主委员会委员候补办法由业主大会决定或者在业主大会议事规则中规定。业主委员会委员人数不足总数的二分之一时，应当召开业主大会临时会议，重新选举业主委员会。

第四十七条 业主委员会任期届满前3个月，应当组织召开业主大会会议，进行换届选举，并报告物业所在地的区、县房地产行政主管部门和街道办事处、乡镇人民政府。

第四十八条 业主委员会应当自任期届满之日起10日内，将其保管的档案资料、印章及其他属于业主大会所有的财物移交新一届业主委员会。

第四章 指导和监督

第四十九条 物业所在地的区、县房地产行政主管部门和街道办事处、乡镇人民政府应当积极开展物业管理政策法规的宣传和教育活动，及时处理业主、业主委员会在物业管理活动中的投诉。

第五十条 已交付使用的专有部分面积超过建筑物总面积50%，建设单位未按要求报送筹备首次业主大会会议相关文件资料的，物业所在地的区、县房地产行政主管部门或者街道办事处、乡镇人民政府有权责令建设单位限期改正。

第五十一条 业主委员会未按业主大会议事规则的规定组织召开业主大会定期会议，或者发生应当召开业主大会临时会议的情况，业主委员会不履行组织召开会议职责的，物业所在地的区、县房地产行政主管部门或者街道办事处、乡镇人民政府可以责令业主委员会限期召开；逾期仍不召开的，可以由物业所在地的居民委员会在街道办事处、乡镇人民政府的指导和监督下组织召开。

第五十二条 按照业主大会议事规则的规定或者三分之一以上委员提议，应当召开业主委员会会议的，业主委员会主任、副主任无正当理由不召集业主委员会会议的，物业所在地的区、县房地产行政主管部门或者街道办事处、乡镇人民政府可以指定业主委员会其他委员召集业主委员会会议。

第五十三条 召开业主大会会议，物业所在地的区、县房地产行政主管部门和街道办事处、乡镇人民政府应当给予指导和协助。

第五十四条 召开业主委员会会议，应当告知相关的居民委员会，并听取居民委员会的建议。

在物业管理区域内，业主大会、业主委员会应当积极配合相关居民委员会依法履行自治管理职责，支持居民委员会开展工作，并接受其指导和监督。

第五十五条 违反业主大会议事规则或者未经业主大会会议和业主委员会会议的决定，擅自使用业主大会印章、业主委员会印章的，物业所在地的街道办事处、乡镇人民政府应当责令限期改正，并通告全体业主；造成经济损失或者不良影响的，应当依法追究责任人的法律责任。

第五十六条 业主委员会委员资格终止，拒不移交所保管的档案资料、印章及其他属于全体业主所有的财物的，其他业主委员会委员可以请求物业所在地的公安机关协助移交。

业主委员会任期届满后，拒不移交所保管的档案资料、印章及其他属于全体业主所有的财物的，新一届业主委员会可以请求物业所在地的公安机关协助移交。

第五十七条 业主委员会在规定时间内不组织换届选举的，物业所在地的区、县房地产行政主管部门或者街道办事处、乡镇人民政府应当责令其限期组织换届选举；逾期仍不组织的，可以由物业所在地的居民委员会在街道办事处、乡镇人民政府的指导和监督下，组织换届选举工作。

第五十八条 因客观原因未能选举产生业主委员会或者业主委员会委员人数不足总数的二分之一的，新一届业主委员会产生之前，可以由物业所在地的居民委员会在街道办事处、乡镇人民政府的指导和监督下，代行业主委员会的职责。

第五十九条　业主大会、业主委员会作出的决定违反法律法规的，物业所在地的区、县房地产行政主管部门和街道办事处、乡镇人民政府应当责令限期改正或者撤销其决定，并通告全体业主。

★ 第六十条　业主不得擅自以业主大会或者业主委员会的名义从事活动。业主以业主大会或者业主委员会的名义，从事违反法律、法规的活动，构成犯罪的，依法追究刑事责任；尚不构成犯罪的，依法给予治安管理处罚。

第六十一条　物业管理区域内，可以召开物业管理联席会议。物业管理联席会议由街道办事处、乡镇人民政府负责召集，由区、县房地产行政主管部门、公安派出所、居民委员会、业主委员会和物业服务企业等方面的代表参加，共同协调解决物业管理中遇到的问题。

第五章　附　　则

第六十二条　业主自行管理或者委托其他管理人管理物业，成立业主大会，选举业主委员会的，可参照执行本规则。

第六十三条　物业所在地的区、县房地产行政主管部门与街道办事处、乡镇人民政府在指导、监督业主大会和业主委员会工作中的具体职责分工，按各省、自治区、直辖市人民政府有关规定执行。

第六十四条　本规则自 2010 年 1 月 1 日起施行。《业主大会规程》（建住房［2003］131 号）同时废止。

业主在物业管理活动中享有的权利	（1）按照物业服务合同的约定，接受物业服务企业提供的服务； （2）提议召开业主大会会议，并就物业管理的有关事项提出建议； （3）提出制定和修改管理规约、业主大会议事规则的建议； （4）参加业主大会会议，行使投票权； （5）选举业主委员会成员，并享有被选举权； （6）监督业主委员会的工作； （7）监督物业服务企业履行物业服务合同； （8）对物业共用部位、共用设施设备和相关场地使用情况享有知情权和监督权； （9）监督物业共用部位、共用设施设备专项维修资金（以下简称专项维修资金）的管理和使用； （10）法律、法规规定的其他权利。
业主在物业管理活动中履行的义务	（1）遵守管理规约、业主大会议事规则； （2）遵守物业管理区域内物业共用部位和共用设施设备的使用、公共秩序和环境卫生的维护等方面的规章制度； （3）执行业主大会的决定和业主大会授权业主委员会作出的决定；

业主在物业管理活动中履行的义务	（4）按照国家有关规定交纳专项维修资金； （5）按时交纳物业服务费用； （6）法律、法规规定的其他义务。
由业主共同决定的事项	（1）制定和修改业主大会议事规则； （2）制定和修改管理规约； （3）选举业主委员会或者更换业主委员会成员； （4）选聘和解聘物业服务企业或者其他管理人； （5）使用建筑物及其附属设施的维修资金； （6）筹集建筑物及其附属设施的维修资金； （7）改建、重建建筑物及其附属设施； （8）改变共有部分的用途或者利用共有部分从事经营活动； （9）有关共有和共同管理权利的其他重大事项。